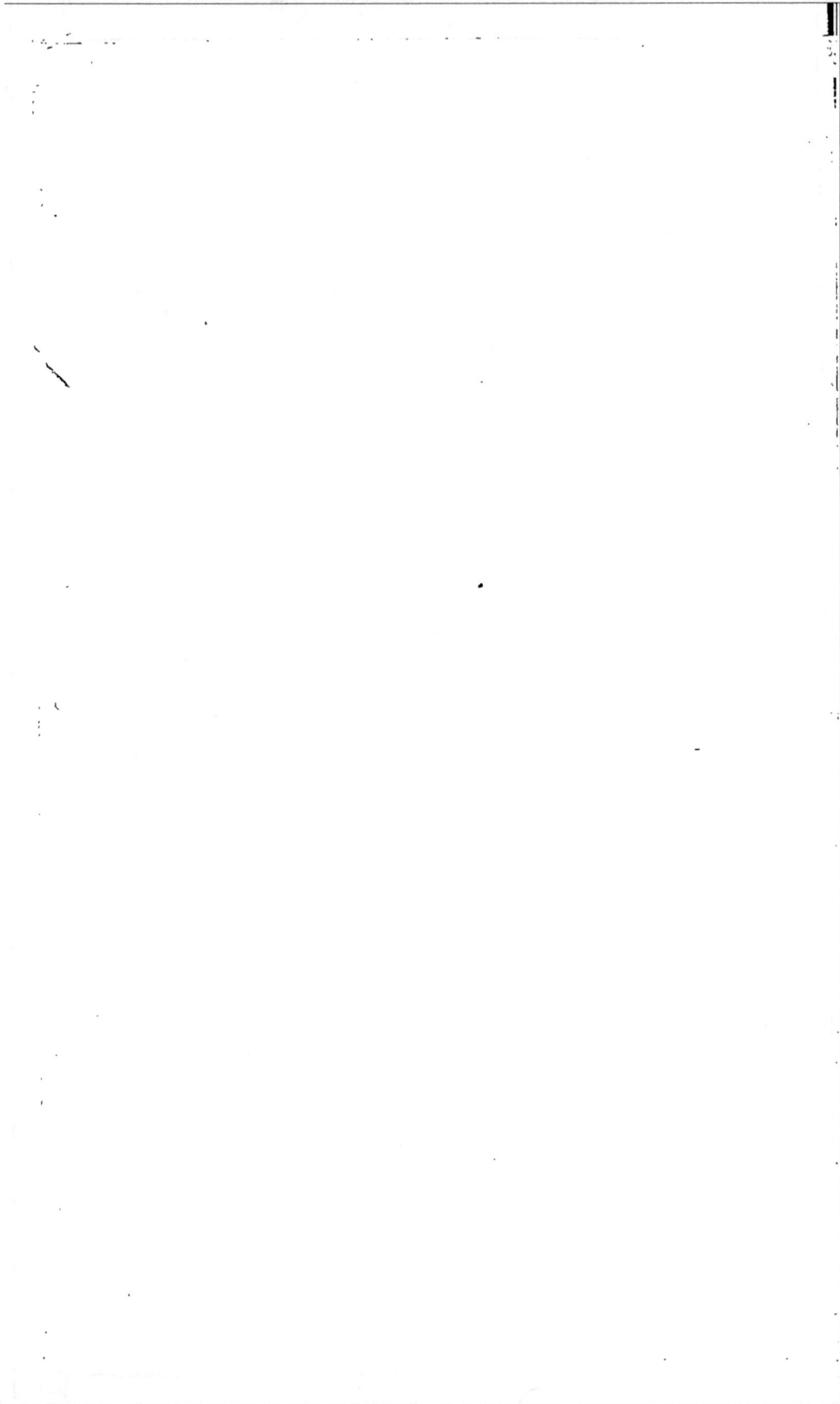

LES
AUTEURS GRECS

EXPLIQUÉS D'APRÈS UNE MÉTHODE NOUVELLE

PAR DEUX TRADUCTIONS FRANÇAISES

L'UNE LITTÉRALE ET JUXTALINÉAIRE PRÉSENTANT LE MOT A MOT FRANÇAIS
EN REGARD DES MOTS GRECS CORRESPONDANTS
L'AUTRE CORRECTE ET PRÉCÉDÉE DU TEXTE GREC

avec des sommaires et des notes

PAR UNE SOCIÉTÉ DE PROFESSEURS

ET D'HELLÉNISTES

HOMÈRE

L'ILIADE

EXPLIQUÉE, TRADUITE ET ANNOTÉE
PAR M. C. LEPRÉVOST
Professeur au collége royal Bourbon.

Neuvième Chant

PARIS

LIBRAIRIE DE L. HACHETTE ET Cie

RUE PIERRE-SARRAZIN, Nº 12
(QUARTIER DE L'ÉCOLE DE MÉDECINE)

1849

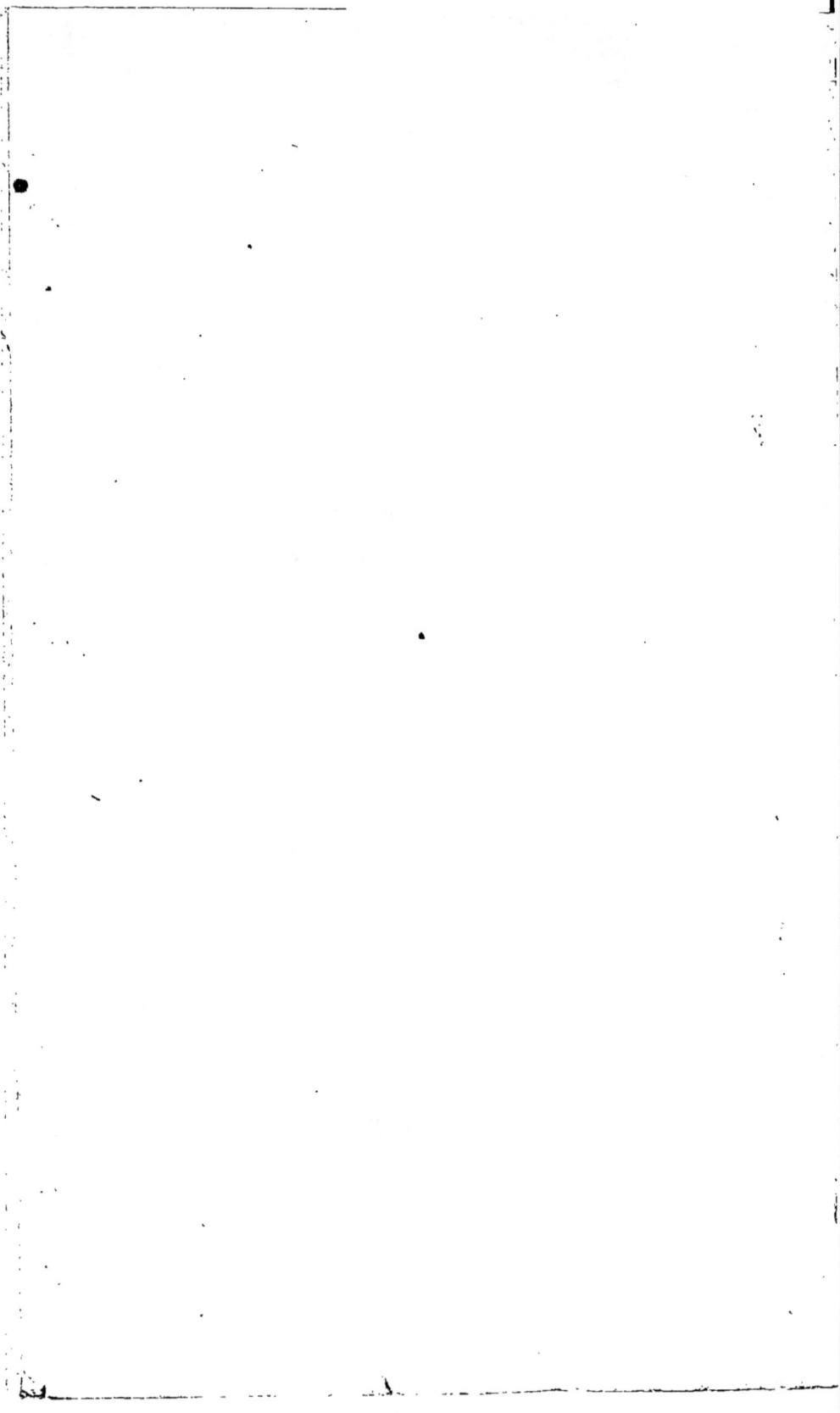

LES
AUTEURS GRECS

EXPLIQUÉS D'APRÈS UNE MÉTHODE NOUVELLE

PAR DEUX TRADUCTIONS FRANÇAISES

. Ce neuvième chant de l'Iliade a été expliqué littéralement,
traduit en français et annoté par M. C. Leprévost, professeur au
Lycée Bonaparte.

DE L'IMPRIMERIE DE CRAPELET, RUE DE VAUGIRARD, 9.

LES
AUTEURS GRECS

EXPLIQUÉS D'APRÈS UNE MÉTHODE NOUVELLE

PAR DEUX TRADUCTIONS FRANÇAISES

L'UNE LITTÉRALE ET JUXTALINÉAIRE PRÉSENTANT LE MOT A MOT FRANÇAIS
EN REGARD DES MOTS GRECS CORRESPONDANTS
L'AUTRE CORRECTE ET PRÉCÉDÉE DU TEXTE GREC

avec des sommaires et des notes

PAR UNE SOCIÉTÉ DE PROFESSEURS

ET D'HELLÉNISTES

———

HOMÈRE
NEUVIÈME CHANT DE L'ILIADE

———

PARIS

LIBRAIRIE DE L. HACHETTE ET Cie

RUE PIERRE-SARRAZIN, Nº 12
(Quartier de l'École de Médecine)

———

1849

AVIS

RELATIF A LA TRADUCTION JUXTALINÉAIRE.

On a réuni par des traits les mots français qui traduisent un seul mot grec.

On a imprimé en *italiques* les mots qu'il était nécessaire d'ajouter pour rendre intelligible la traduction littérale, et qui n'avaient pas leur équivalent dans le grec.

Enfin, les mots placés entre parenthèses doivent être considérés comme une seconde explication, plus intelligible que la version littérale.

ARGUMENT ANALYTIQUE

DU NEUVIÈME CHANT DE L'ILIADE.

———

Découragement des Grecs. — Agamemnon propose de partir. — Discours de Diomède, qui veut prendre Troie, n'eût-il que Sthénélus avec lui. — Conseils de Nestor. — Sept cents guerriers vont se poster entre la muraille et le fossé pour veiller au salut de l'armée. — Agamemnon offre un repas aux principaux chefs des Grecs. — Nestor prend la parole et propose de fléchir la colère d'Achille par des présents. — Agamemnon y consent : énumération des richesses qu'il lui destine, et des avantages qu'il lui promet. — Nestor approuve les dispositions du fils d'Atrée, et désigne ceux des chefs qu'on doit envoyer à la tente d'Achille. — Départ des députés. — Achille, qui chantait sur la lyre, quand ils arrivent, les accueille et leur donne l'hospitalité. — Apprêts du festin. — Discours d'Ulysse : il expose le but de son ambassade et appelle Achille au secours des Grecs ; il lui rappelle les recommandations de Pélée ; il lui fait part des promesses d'Agamemnon et le conjure enfin, si le fils d'Atrée lui est odieux, d'avoir au moins pitié des autres Grecs. — Récrimination d'Achille : il refuse de secourir les Grecs et menace de retourner en Grèce, pour y jouir en paix des biens que lui garde son père ; il engage Phénix à rester avec lui. — Réponse de Phénix : il raconte l'histoire de sa jeunesse. Fuyant le courroux de son père, il se réfugia à la cour de Pélée, et prit soin de l'enfance d'Achille, qu'il s'était habitué à regarder comme son fils : l'abandonnera-t-il sur le rivage Troyen ? Qu'il ne méprise pas les Prières, filles de Jupiter. Exemple de Méléagre. — Achille engage Phénix à partager sa puissance, et le retient avec lui. — Discours d'Ajax, fils de Télamon : on pardonne au meurtrier de son frère, ou de son fils, quand il rachète le sang qu'il a versé au prix de ses trésors : Achille sera-t-il donc impitoyable quand il s'agit de l'enlèvement d'une captive ? — Achille déclare qu'il ne combattra pas contre Hector, et congédie les envoyés. — Patrocle fait dresser le lit de Phénix. — Achille et Patrocle se livrent aux douceurs du sommeil. — Retour des députés à la tente d'Agamemnon. — Le fils d'Atrée interroge Ulysse. — Ulysse rapporte la réponse d'Achille. — Discours de Diomède : il invite les Grecs à oublier Achille, et engage Agamemnon à conduire le lendemain les Grecs à l'ennemi, et à combattre lui-même avec valeur aux premiers rangs. — Les guerriers font des libations aux dieux et se livrent au repos.

ΟΜΗΡΟΥ

ΙΛΙΑΔΟΣ

ΡΑΨΩΔΙΑ Ι¹.

ΠΡΕΣΒΕΙΑ ΠΡΟΣ ΑΧΙΛΛΕΑ. ΛΙΤΑΙ.

Ὣς οἱ μὲν Τρῶες φυλακὰς ἔχον· αὐτὰρ Ἀχαιοὺς
θεσπεσίη ἔχε φύζα, φόβου κρυόεντος ἑταίρη·
πένθεϊ δ' ἀτλήτῳ βεβολήατο πάντες ἄριστοι.
Ὡς δ' ἄνεμοι δύο πόντον ὀρίνετον ἰχθυόεντα,
Βορέης καὶ Ζέφυρος ², τώτε Θρήκηθεν ἄητον,   5
ἐλθόντ' ἐξαπίνης· ἄμυδις δέ τε κῦμα κελαινὸν
κορθύεται· πολλὸν δὲ παρὲξ ἅλα φῦκος ἔχευαν·
ὣς ἐδαΐζετο θυμὸς ἐνὶ στήθεσσιν Ἀχαιῶν.
Ἀτρείδης δ', ἄχεϊ μεγάλῳ βεβολημένος ἦτορ,
φοίτα κηρύκεσσι λιγυφθόγγοισι κελεύων   10
κλήδην εἰς ἀγορὴν κικλήσκειν ἄνδρα ἕκαστον,

Ainsi les Troyens veillent à leur sûreté. Cependant la Fuite, envoyée des dieux, et compagne de la Crainte glacée, règne parmi les Grecs; et leurs vaillants guerriers sont en proie au plus violent chagrin. Comme, sous le souffle des vents, la mer poissonneuse se soulève, quand Zéphyre et Borée, s'élançant du sein de la Thrace, fondent tout à coup sur les flots noirs qui s'amoncèlent, et rejettent l'algue marine sur le rivage; ainsi est agité le cœur des Grecs.

Le fils d'Atrée, atteint au cœur d'une douleur cruelle, parcourt les rangs, et ordonne aux hérauts à la voix éclatante, de convoquer l'assemblée en appelant chaque guerrier par son nom et sans bruit : lui-

L'ILIADE
D'HOMÈRE.
CHANT IX.

AMBASSADE AUPRÈS D'ACHILLE. PRIÈRES.

Οἱ μὲν Τρῶες	Or les Troyens
ἔχον φυλακὰς ὥς·	faisaient sentinelle ainsi ;
αὐτὰρ φύζα	mais la fuite
θεσπεσίη,	envoyée-par-les-Dieux,
ἑταίρη φόβου κρυόεντος,	compagne de la crainte froide,
ἔχεν Ἀχαιούς·	possédait les Achéens ;
πάντες δὲ ἄριστοι	et tous les plus braves
βεβολήατο	avaient été atteints
πένθεϊ ἀτλήτῳ.	par un deuil insupportable.
Ὡς δὲ δύο ἄνεμοι	Or comme deux vents
Βορέης καὶ Ζέφυρος,	Borée et Zéphyre,
τώτε ἄητον Θρήκηθεν,	qui soufflent de-Thrace,
ἐλθόντε ἐξαπίνης,	arrivant tout-à-coup,
ὀρίνετον πόντον ἰχθυόεντα·	soulèvent la mer poissonneuse ;
ἄμυδις δέ τε	et aussi en même temps
κῦμα κελαινὸν κορθύεται·	le flot noir s'amoncèle ;
ἔχευαν δὲ	et ils versent
φῦκος πολλὸν	des algues nombreuses
παρὲξ ἄλα·	hors-et-près de la mer :
ὣς θυμὸς Ἀχαιῶν	ainsi le cœur des Achéens
ἐδαΐζετο ἐνὶ στήθεσσιν.	était déchiré dans *leur* poitrine.
Ἀτρείδης δὲ,	Or le-fils-d'Atrée,
βεβολημένος ἦτορ	ayant été atteint au cœur
ἄχεϊ μεγάλῳ,	d'une douleur grande,
φοίτα κελεύων	allait-çà-et-là ordonnant
κηρύκεσσι λιγυφθόγγοισι	aux hérauts à-la-voix-éclatante
κιχλήσκειν κλήδην	d'appeler nominalement
ἕκαστον ἄνδρα εἰς ἀγορὴν,	chaque homme à l'assemblée,

μηδὲ βοᾶν · αὐτὸς δὲ μετὰ πρώτοισι πονεῖτο.
Ἷζον δ' εἰν ἀγορῇ τετιηότες · ἂν δ' Ἀγαμέμνων
ἵστατο δακρυχέων, ὥστε κρήνη μελάνυδρος,
ἥτε κατ' αἰγίλιπος πέτρης δνοφερὸν χέει ὕδωρ ·   15
ὣς ὁ βαρυστενάχων ἔπε' Ἀργείοισι μετηύδα ·

    « Ὦ φίλοι, Ἀργείων ἡγήτορες ἠδὲ μέδοντες,
Ζεύς με μέγα Κρονίδης ἄτῃ ἐνέδησε βαρείῃ ·
σχέτλιος, ὃς πρὶν μέν μοι ὑπέσχετο καὶ κατένευσεν,
Ἴλιον ἐκπέρσαντ' εὐτείχεον, ἀπονέεσθαι ·   20
νῦν δὲ κακὴν ἀπάτην βουλεύσατο, καί με κελεύει
δυσκλέα Ἄργος ἱκέσθαι, ἐπεὶ πολὺν ὤλεσα λαόν.
Οὕτω που Διὶ μέλλει ὑπερμενέϊ φίλον εἶναι,
ὃς δὴ πολλάων πολίων κατέλυσε κάρηνα,
ἠδ' ἔτι καὶ λύσει · τοῦ γὰρ κράτος ἐστὶ μέγιστον.   25
Ἀλλ' ἄγεθ', ὡς ἂν ἐγὼν εἴπω, πειθώμεθα πάντες ·

même il se distingue par son activité. Quand chacun a pris sa place dans un morne silence, Agamemnon se lève : ses larmes coulent comme l'eau d'une source profonde, qui tombe du haut d'un sombre rocher. Il soupire tristement, et dit aux Grecs :

« Amis, chefs et protecteurs des Grecs, Jupiter, fils de Saturne, m'accable sous le poids du malheur. Le cruel ! lui, qui m'avait promis et garanti la ruine d'Ilion aux belles murailles avant mon retour dans ma patrie ! Et maintenant il me réserve une déception indigne, et veut que je regagne sans gloire la terre d'Argos, après avoir perdu tant de monde ! Tel doit être sans doute le bon plaisir du puissant Jupiter, qui a tant détruit et qui détruira encore tant de cités : c'est à lui qu'appartient la toute-puissance. Eh bien, allons ! que tous se conforment à mes avis : fuyons avec nos vaisseaux vers notre chère

μηδὲ βοᾶν·	et de ne pas crier ;
αὐτὸς δὲ πονείτο	et lui-même travaillait
μετὰ πρώτοισιν	parmi les premiers.
Ἷζον δὲ τετιηότες	Or ils s'assirent affligés
εἰν ἀγορῇ·	dans l'assemblée ;
Ἀγαμέμνων δὲ ἀνίστατο	et Agamemnon se leva
δακρυχέων,	versant-des-larmes,
ὥστε κρήνη	comme une source
μελάνυδρος,	à-l'eau-sombre,
ἥτε χέει ὕδωρ δνοφερὸν	qui verse une eau obscure
κατὰ πέτρης αἰγίλιπος·	en bas d'une roche escarpée ;
ὁ βαρυστενάχων	lui gémissant-gravement
μετηύδα ὡς ἔπεα Ἀργείοισιν	dit ainsi des paroles aux Argiens :
« Ὦ φίλοι,	« O amis,
ἡγήτορες ἠδὲ μέδοντες	conducteurs et administrateurs
Ἀργείων,	des Argiens,
Ζεὺς Κρονίδης	Jupiter fils-de-Saturne
ἐνέδησέ με μέγα	a enveloppé moi grandement
ἄτῃ βαρείῃ·	d'une fatalité lourde ;
σχέτλιος, ὃς	il est cruel, lui qui
πρὶν μὲν	auparavant à la vérité
ὑπέσχετο καὶ κατένευσέ μοι	promit et accorda à moi
ἀπονέεσθαι	de pouvoir revenir
ἐκπέρσαντα Ἴλιον εὐτείχεον·	ayant détruit Ilion aux-beaux-murs ;
νῦν δὲ	mais qui maintenant
βουλεύσατο ἀπάτην κακήν,	a médité une tromperie mauvaise,
καὶ κελεύει με	et ordonne moi
ἱκέσθαι δυσκλέα Ἄργος,	aller sans-gloire à Argos,
ἐπεὶ ὤλεσα	quand j'ai perdu
λαὸν πολύν.	un monde nombreux.
Οὕτω που	Ainsi sans-doute
μέλλει εἶναι φίλον	il doit être agréable
Διῒ ὑπερμενεῖ,	à Jupiter tout-puissant,
ὃς δὴ κατέλυσε κάρηνα	qui certes a abattu les têtes
πολίων πολλάων,	de villes nombreuses,
ἠδὲ λύσει καὶ ἔτι·	et en détruira même encore :
κράτος γὰρ τοῦ ἐστι μέγιστον.	car la force de lui est très-grande.
Ἀλλὰ ἄγετε,	Mais allez,
πειθώμεθα πάντες,	obéissons tous,
ὡς ἐγὼν ἂν εἴπω·	comme moi j'aurai dit :

φεύγωμεν σὺν νηυσὶ φίλην ἐς πατρίδα γαῖαν ·
οὐ γὰρ ἔτι Τροίην αἱρήσομεν εὐρυάγυιαν. »

Ὣς ἔφαθ' · οἱ δ' ἄρα πάντες ἀκὴν ἐγένοντο σιωπῇ.
Δὴν δ' ἄνεῳ ἦσαν τετιηότες υἷες Ἀχαιῶν ·   3o
ὀψὲ δὲ δὴ μετέειπε βοὴν ἀγαθὸς Διομήδης ·

« Ἀτρείδη, σοὶ πρῶτα μαχήσομαι ἀφραδέοντι,
ᾗ θέμις ἐστίν, ἄναξ, ἀγορῇ · σὺ δὲ μήτι χολωθῇς.
Ἀλκὴν μέν μοι πρῶτον ὀνείδισας ἐν Δαναοῖσι,
φὰς ἔμεν ἀπτόλεμον καὶ ἀνάλκιδα · ταῦτα δὲ πάντα   35
ἴσασ' Ἀργείων ἠμὲν νέοι ἠδὲ γέροντες.
Σοὶ δὲ διάνδιχα δῶκε Κρόνου παῖς ἀγκυλομήτεω ·
σκήπτρῳ μέν τοι δῶκε τετιμῆσθαι περὶ πάντων ,
ἀλκὴν δ' οὔτοι δῶκεν, ὅ τε κράτος ἐστὶ μέγιστον.
Δαιμόνι', οὕτω που μάλα ἔλπεαι υἷας Ἀχαιῶν   4o

patrie ; car nous ne pouvons plus espérer de prendre la ville de Troie
aux larges rues ! »

Il dit. Tout le monde garde un profond silence. Les fils des Grecs
restent longtemps absorbés dans leur tristesse. Enfin le valeureux
Diomède prend la parole :

« Fils d'Atrée, je veux d'abord combattre tes paroles imprudentes,
comme j'en ai le droit, prince, dans l'assemblée ; mais n'en conçois
aucun ressentiment. D'abord tu as fait injure à ma valeur au milieu
des Grecs, en me traitant d'homme faible et lâche : cependant, jeunes et vieux, tous les Grecs me connaissent. Quant à toi, le fils du
prudent Saturne ne t'a pas tout donné. Il t'a donné de régner par le
sceptre au-dessus de tous les autres ; mais il t'a refusé la valeur, qui
fait la plus grande puissance. Insensé ! espères-tu donc que les fils des
Grecs soient aussi faibles et aussi lâches qu'il te plaît de le dire? Si

φεύγωμεν σὺν νηυσὶν	fuyons avec *nos* vaisseaux
ἐς γαῖαν φίλην πατρίδα·	vers la terre chérie de-la-patrie ;
οὐ γὰρ αἱρήσομεν ἔτι	car nous ne prendrons plus
Τροίην εὐρυάγυιαν. »	Troie aux-larges-rues. »
Ἔφατο ὧς·	Il parla ainsi ;
οἱ δὲ ἄρα πάντες	ceux-ci donc tous
ἐγένοντο ἀκὴν σιωπῇ.	demeurèrent en-repos en silence.
Ὕες δὲ Ἀχαιῶν τετιηότες	Or les fils des Achéens affligés
ἦσαν δὴν ἄνεω·	furent longtemps muets ;
ὀψὲ δὲ	mais beaucoup-après
Διομήδης ἀγαθὸς βοὴν	Diomède brave au combat
μετέειπε δή·	dit-parmi *eux* certes :
« Ἀτρείδη,	« Fils-d'Atrée,
μαχήσομαι πρῶτα	je combattrai premièrement
σοὶ ἀφραδέοντι,	toi parlant-imprudemment,
ᾗ ἐστι θέμις,	*par le moyen* que il est permis,
ἀγορῇ,	dans l'assemblée,
ἄναξ·	prince ;
σὺ δὲ μήτι χολωθῇς.	mais toi ne t'irrite nullement.
Ὀνείδισας μὲν πρῶτον	Tu as outragé à la vérité d'abord
ἀλκήν μοι	la vaillance à moi
ἐν Δαναοῖσι,	parmi les Grecs,
φὰς ἔμεν ἀπτόλεμον	disant *moi* être non-belliqueux
καὶ ἀνάλκιδα·	et sans-valeur ;
ἠμὲν δὲ νέοι	or et les jeunes
ἠδὲ γέροντες	et les vieux
Ἀργείων	des Argiens
ἴσασι πάντα ταῦτα.	savent toutes ces choses.
Παῖς δὲ Κρόνου	Mais le fils de Saturne
ἀγκυλομήτεω	aux-pensées-tortueuses
δῶκέ σοι διάνδιχα·	donna à toi de-deux-choses-l'une ;
δῶκε μέν τοι	il donna à la vérité à toi
τετιμῆσθαι σκήπτρῳ	d'avoir été honoré du sceptre
περὶ πάντων·	par-dessus tous ;
οὔτοι δὲ δῶκεν ἀλκὴν,	et il ne *te* donna pas la valeur,
ὅ τέ ἐστι κράτος	ce-qui est la puissance
μέγιστον.	la plus grande.
Δαιμόνιε,	*Homme* étonnant,
ἔλπεαί που μάλα	tu espères peut-être beaucoup
υἷες Ἀ...ῶν.	les fils des Achéens

ἀπτολέμους τ' ἔμεναι καὶ ἀνάλκιδας, ὡς ἀγορεύεις ;
εἰ δέ σοι αὐτῷ θυμὸς ἐπέσσυται, ὥστε νέεσθαι,
ἔρχεο· πάρ τοι ὁδὸς, νῆες δέ τοι ἄγχι θαλάσσης
ἑστᾶσ', αἵ τοι ἕποντο Μυκήνηθεν μάλα πολλαί.
Ἀλλ' ἄλλοι μενέουσι καρηκομόωντες Ἀχαιοὶ,   45
εἰσόκε περ Τροίην διαπέρσομεν. Εἰ δὲ καὶ αὐτοὶ,
φευγόντων σὺν νηυσὶ φίλην ἐς πατρίδα γαῖαν·
νῶϊ δ', ἐγὼ Σθένελός τε, μαχησόμεθ', εἰσόκε τέκμωρ
Ἰλίου εὕρωμεν ¹ · σὺν γὰρ θεῷ εἰλήλουθμεν. »

    Ὣς ἔφαθ'· οἱ δ' ἄρα πάντες ἐπίαχον υἷες Ἀχαιῶν,   5ο
μῦθον ἀγασσάμενοι Διομήδεος ἱπποδάμοιο.
Τοῖσι δ' ἀνιστάμενος μετεφώνεεν ἱππότα Νέστωρ·

    « Τυδείδη, πέρι μὲν πολέμῳ ἔνι καρτερός ἐσσι,
καὶ βουλῇ μετὰ πάντας ὁμήλικας ἔπλευ ἄριστος·
οὔτις τοι τὸν μῦθον ὀνόσσεται, ὅσσοι Ἀχαιοὶ,   55

tu es impatient de partir, va : les chemins te sont ouverts, et tu re-
trouveras sur le rivage les vaisseaux qui te suivirent de Mycènes en
si grand nombre. Mais les autres Grecs à la belle chevelure resteront
jusqu'a ce que nous ayons détruit la ville de Troie. Si pourtant ils le
veulent aussi, qu'ils fuient sur leurs vaisseaux vers leur chère patrie !
Quant à nous deux, Sthénélus et moi, nous combattrons jusqu'à ce
que nous ayons trouvé le jour suprême d'Ilion ; car c'est sous les aus-
pices d'une divinité que nous sommes venus ! »

    Il dit ; et tous les fils des Grecs applaudirent, pleins d'admiration,
au discours de Diomède dompteur de coursiers. Au milieu d'eux se
lève Nestor habile à manier les chevaux, et il dit :

    « Fils de Tydée, tu es puissant dans les combats, et, parmi tous ceux
de ton âge, tu es le premier dans les conseils. Il n'en est pas un parmi
tous les Grecs, qui songe à reprendre ton discours, ni à le démentir ;

ἔμεναι οὕτως ἀπτολέμους   être ainsi non-belliqueux
καὶ ἀνάλκιδας,   et sans-valeur,
ὡς ἀγορεύεις ;   comme tu *le* dis ?
εἰ δὲ θυμὸς ἐπέσσυταί σοι αὐτῷ   mais si le cœur se hâte à toi-même
ὥστε νέεσθαι,   pour retourner *dans ta patrie,*
ἔρχεο·   pars :
ὁδὸς πάρ τοι,   le chemin *est ouvert* devant toi,
νῆες δὲ ἑστᾶσί τοι   et les vaisseaux stationnent à toi
ἄγχι θαλάσσης,   près de la mer,
αἳ μάλα πολλαὶ   lesquels très nombreux
ἕποντό τοι Μυκήνηθεν.   suivirent toi de-Mycènes.
Ἀλλὰ ἄλλοι Ἀχαιοὶ   Mais les autres Achéens
καρηκομόωντες   à-la-tête-chevelue
μενέουσιν,   resteront,
εἰσόκε περ   jusqu'à-ce-que du-moins
διαπέρσομεν Τροίην.   nous détruisions Troie.
Εἰ δὲ καὶ αὐτοὶ,   Mais si eux aussi *le veulent,*
φευγόντων σὺν νηυσὶν   qu'ils fuient avec *leurs* vaisseaux
ἐς γαῖαν φίλην πατρίδα·   vers la terre chérie de-la-patrie ;
νῶϊ δὲ, ἐγὼ Σθένελός τε,   mais nous-deux, moi et Sthénélus,
μαχησόμεθα,   nous combattrons,
εἰσόκε εὕρωμεν   jusqu'à-ce-que nous ayons trouvé
τέκμωρ Ἰλίου·   la fin d'Ilion ;
εἰλήλουθμεν γὰρ   car nous sommes venus
σὺν θεῷ. »   avec un dieu *propice.* »
Ἔφατο ὥς·   Il parla ainsi ;
οἱ δὲ ἄρα υἷες Ἀχαιῶν   et alors les fils des Achéens
ἐπίαχον πάντες,   applaudirent tous,
ἀγασσάμενοι μῦθον   admirant le discours
Διομήδεος ἱπποδάμοιο.   de Diomède dompteur-de-chevaux.
Νέστωρ δὲ ἱππότα   Mais Nestor cavalier
ἀνιστάμενος μετεφώνεε τοῖσι·   se levant dit-parmi eux :
« Τυδείδη,   « Fils-de-Tydée,   [puissant
ἐσσὶ μὲν πέρι καρτερὸς   tu es à la vérité supérieurement
ἐνὶ πολέμῳ,   dans la guerre,
καὶ ἔπλευ ἄριστος βουλῇ   et tu es le meilleur au conseil
μετὰ πάντας ὁμήλικας·   parmi tous ceux-du-même-âge ;
οὔτις ὀνόσσεταί τοι   personne n'accusera à toi
τὸν μῦθον,   le discours *de toi,*
ὅσσοι Ἀχαιοὶ,   tous-autant-que *sont* les Achéens,

οὐδὲ πάλιν ἐρέει· ἀτὰρ οὐ τέλος ἵκεο μύθων.

Ἦ μὴν καὶ νέος ἐσσὶ, ἐμὸς δέ κε καὶ πάϊς εἴης

ὁπλότατος γενεῆφιν· ἀτὰρ πεπνυμένα βάζεις

Ἀργείων βασιλῆας, ἐπεὶ κατὰ μοῖραν ἔειπες.

Ἀλλ᾽ ἄγ᾽, ἐγὼν, ὃς σεῖο γεραίτερος εὔχομαι εἶναι,   60

ἐξείπω, καὶ πάντα διΐξομαι· οὐδέ κέ τίς μοι

μῦθον ἀτιμήσει, οὐδὲ χρείων Ἀγαμέμνων.

Ἀφρήτωρ, ἀθέμιστος, ἀνέστιός ἐστιν ἐκεῖνος

ὃς πολέμου ἔραται ἐπιδημίου, ὀκρυόεντος ¹.

Ἀλλ᾽ ἤτοι νῦν μὲν πειθώμεθα νυκτὶ μελαίνῃ,   65

δόρπα τ᾽ ἐφοπλισόμεσθα· φυλακτῆρες δὲ ἕκαστοι

λεξάσθων παρὰ τάφρον ὀρυκτὴν τείχεος ἐκτός.

Κούροισιν μὲν ταῦτ᾽ ἐπιτέλλομαι· αὐτὰρ ἔπειτα,

Ἀτρείδη, σὺ μὲν ἄρχε· σὺ γὰρ βασιλεύτατός ἐσσι.

Δαίνυ δαῖτα γέρουσιν· ἔοικέ τοι, οὔτοι ἀεικές.   70

Πλεῖαί τοι οἴνου κλισίαι, τὸν νῆες Ἀχαιῶν

mais tu ne l'as pas achevé. Tu es jeune encore, et tu pourrais être par l'âge le dernier de mes enfants. Tu n'en parles pas moins avec sagesse aux rois des Grecs; et ce que tu dis est juste. Mais moi, qui suis plus âgé que toi, je vais prendre la parole et ne rien omettre, et personne ne blâmera mon langage, pas même le puissant Agamemnon. Il faut n'avoir ni famille, ni loi, ni foyer, pour aimer la guerre civile et ses horreurs. Quant à présent, obéissons à la nuit noire, et préparons le repas du soir; plaçons des gardes le long du fossé, en dehors de la muraille. C'est aux jeunes guerriers que mes instructions s'adressent. Pour toi, fils d'Atrée, c'est à toi de commander : tu es le roi des rois. Convie au festin les vieillards; c'est le rôle qui te sied et te convient. Tu as des tentes remplies du vin que les vaisseaux

οὐδὲ ἐρέει πάλιν ·	et ne parlera à-l'encontre ;
ἀτὰρ οὐχ ἵκεο	mais tu n'es pas arrivé
τέλος μύθων.	à la fin de *tes* paroles.
Ἦ μήν ἐσσι	Certes tu es sans-doute
καὶ νέος ,	jeune aussi,
εἴης δέ κε καὶ ἐμὸς πάϊς	et tu pourrais-être même mon fils
ὁπλότατος γενεῆφιν ·	le plus jeune par la naissance ;
ἀτὰρ βάζεις πεπνυμένα	pourtant tu dis des choses-sensées
βασιλῆας Ἀργείων,	aux rois des Argiens,
ἐπεὶ ἔειπες	puisque tu as parlé
κατὰ μοῖραν.	selon la convenance.
Ἀλλὰ ἄγε , ἐγών,	Mais va, moi,
ὃς εὔχομαι εἶναι	qui me vante d'être
γεραίτερος σεῖο ,	plus vieux que toi,
ἐξείπω καὶ διίξομαι πάντα ·	je dirai et parcourrai toutes-choses ;
οὐδέ κέ τις ἀτιμήσειε	et on n'aura pas méprisé
μῦθόν μοι ,	le discours à moi,
οὐδὲ Ἀγαμέμνων κρείων.	pas même Agamemnon puissant.
Ἐκεῖνός ἐστιν ἀφρήτωρ,	Celui-là est sans-famille,
ἀθέμιστος , ἀνέστιος ,	sans-loi, sans-foyer,
ὃς ἔραται πολέμου ἐπιδημίου,	qui aime la guerre civile,
ὀκρυόεντος.	épouvantable.
Ἀλλὰ ἤτοι νῦν μὲν	Mais certes à-présent à la vérité
πειθώμεθα νυκτὶ μελαίνῃ,	obéissons à la nuit noire,
ἐφοπλισόμεσθά τε δόρπα ·	et préparons le repas ;
φυλακτῆρες δὲ	et *que* des gardes
ἕκαστοι	chacun *de leur côté*
λεξάσθων παρὰ τάφρον	veillent le-long-du fossé
ὀρυκτὴν ἐκτὸς τείχεος.	creusé en-dehors du mur.
Ἐπιτέλλομαι μὲν	Je recommande à la vérite
ταῦτα κούροισιν ·	ces choses aux jeunes-gens ;
αὐτὰρ ἔπειτα , Ἀτρείδη ,	mais ensuite, fils-d'Atrée,
σὺ μὲν ἄρχε ·	toi à la vérité commande :
σὺ γάρ ἐσσι βασιλεύτατος.	car toi tu es le plus-*puissant*-roi.
Δαίνυ δαῖτα γέρουσιν ·	Partage un festin aux vieillards :
ἔοικέ τοι ,	*cela* convient à toi,
οὔτοι ἀεικές.	et-n'*est*-pas-certes inconvenant.
Κλισίαι τοι	Des tentes *sont* à toi
πλεῖαι οἴνου ,	pleines de vin,
τὸν νῆες Ἀχαιῶν	que les vaisseaux des Achéens

ἠμάτιαι Θρήκηθεν ἐπ' εὐρέα πόντον ἄγουσι·
πᾶσά τοι ἔσθ' ὑποδεξίη· πολέεσσι δ' ἀνάσσεις.
Πολλῶν δ' ἀγρομένων, τῷ πείσεαι ὅς κεν ἀρίστην
βουλὴν βουλεύσῃ· μάλα δὲ χρεὼ πάντας Ἀχαιοὺς   75
ἐσθλῆς καὶ πυκινῆς, ὅτι δήϊοι ἐγγύθι νηῶν
καίουσιν πυρὰ πολλά· τί; ἂν τάδε γηθήσειε;
νὺξ δ' ἥδ' ἠὲ διαρραίσει στρατὸν ἠὲ σαώσει. »

    Ὣς ἔφαθ'· οἱ δ' ἄρα τοῦ μάλα μὲν κλύον, ἠδ' ἐπίθοντο.
Ἐκ δὲ φυλακτῆρες σὺν τεύχεσιν ἐσσεύοντο,   80
ἀμφί τε Νεστορίδην Θρασυμήδεα, ποιμένα λαῶν,
ἠδ' ἀμφ' Ἀσκάλαφον καὶ Ἰάλμενον, υἷας Ἄρηος,
ἀμφί τε Μηριόνην, Ἀφαρῆά τε Δηΐπυρόν τε,
ἠδ' ἀμφὶ Κρείοντος υἱόν, Λυκομήδεα δῖον.
Ἑπτ' ἔσαν ἡγεμόνες φυλάκων, ἑκατὸν δὲ ἑκάστῳ   85
κοῦροι ἅμα στεῖχον, δολίχ' ἔγχεα χερσὶν ἔχοντες ¹·

des Grecs t'apportent chaque jour de Thrace à travers la vaste mer.
Tu as tout ce qu'il faut pour recevoir des hôtes, et tu commandes à
de nombreux guerriers. Assemble les chefs, et suis le conseil qui te
paraîtra le meilleur; car tous les Grecs ont grand besoin d'un bon et
sage conseiller, en présence des feux ennemis, qui s'allument en si
grand nombre, non loin de nos vaisseaux. Qui pourrait s'en féliciter?
C'est cette nuit qui va décider de la perte ou du salut de l'armée!»

    Il dit. Les chefs l'écoutent et se montrent dociles à ses avis. Les
gardes sortent du camp revêtus de leurs armes. Ils sont commandés
par le fils de Nestor, Thrasymède, pasteur des peuples; par Ascala-
phe et Ialménus, fils de Mars; par Mérion, Apharée, Déypire et le fils
de Créon, le divin Lycomède. Ils ont sept chefs à leur tête, et chacun
de ces chefs a sous ses ordres cent jeunes guerriers dont le bras est

ἡμάτιαι	*arrivant*-chaque-jour,
ἄγουσι Θρήκηθεν	apportent de-la-Thrace
ἐπὶ πόντον εὐρέα ·	sur la mer vaste;
πᾶσα ὑποδεξίη ἐστί τοι ·	toute faculté-de-recevoir est à toi ;
ἀνάσσεις δὲ πολέεσσι.	et tu commandes à beaucoup.
Πολλῶν δὲ ἀγρομένων,	Or beaucoup étant rassemblés,
πείσεαι τῷ	tu écouteras celui
ὅς κε βουλεύσῃ	qui aura conseillé
βουλὴν ἀρίστην ·	le conseil le meilleur ;
χρεὼ δὲ μάλα	et le besoin *est venu* fortement
πάντας Ἀχαιούς	à tous les Achéens
ἐσθλῆς καὶ πυκινῆς,	d'un *conseil* bon et sensé,
ὅτι δήϊοι	parce que les ennemis
καίουσι πυρὰ πολλὰ	brûlent des feux nombreux
ἐγγύθι νηῶν ·	près des vaisseaux :
τίς ἂν γηθήσειε τάδε ;	qui se réjouirait de ces-choses ?
ἥδε δὲ νὺξ	mais cette nuit
ἠὲ διαρραίσει	ou perdra-complètement
ἠὲ σαώσει στρατόν. »	ou sauvera l'armée. »
Ἔφατο ὥς ·	Il parla ainsi ;
οἱ δὲ ἄρα κλύον μὲν τοῦ μάλα ,	ceux-ci donc écoutaient lui beaucoup,
ἠδὲ ἐπίθοντο.	et furent persuadés.
Φυλακτῆρες δὲ	Or des gardes
ἐξεσσεύοντο	s'élancèrent-au-dehors
σὺν τεύχεσιν	avec *leurs* armes
ἀμφί τε Θρασυμήδεα	et autour de Thrasymède,
Νεστορίδην,	fils-de-Nestor,
ποιμένα λαῶν,	pasteur de peuples,
ἠδὲ ἀμφὶ Ἀσκάλαφον	et autour d'Ascalaphe
καὶ Ἰάλμενον,	et d'Ialménus,
υἷας Ἄρηος ,	fils de Mars,
ἀμφί τε Μηριόνην,	et autour de Mérion,
Ἀφαρῆά τε Δηΐπυρόν τε ,	et d'Apharée et de Déïpyre,
ἠδὲ ἀμφὶ υἱὸν Κρείοντος ,	et autour du fils de Créon,
Λυκομήδεα δῖον.	Lycomède divin.
Ἑπτὰ ἡγεμόνες φυλάκων ἔσαν,	Sept chefs des gardes étaient,
ἑκατὸν δὲ κοῦροι	et cent jeunes-gens
στεῖχον ἅμα ἑκάστῳ	allaient-en-rang avec chacun *d'eux*
ἔχοντες χερσὶν	ayant dans les mains
ἔγχεα δολιχά ·	des javelots longs ;

κὰδ δὲ μέσον τάφρου καὶ τείχεος ἴζον ἰόντες·
ἔνθα δὲ πῦρ κήαντο, τίθεντο δὲ δόρπον ἕκαστος.

Ἀτρείδης δὲ γέροντας ἀολλέας ἦγεν Ἀχαιῶν
ἐς κλισίην, παρὰ δέ σφι τίθει μενοεικέα δαῖτα.   90
Οἱ δ' ἐπ' ὀνείαθ' ἑτοῖμα προκείμενα χεῖρας ἴαλλον.
Αὐτὰρ ἐπεὶ πόσιος καὶ ἐδητύος ἐξ ἔρον ἕντο,
τοῖς ὁ γέρων πάμπρωτος ὑφαίνειν ἤρχετο μῆτιν
Νέστωρ, οὗ καὶ πρόσθεν ἀρίστη φαίνετο βουλή·
ὅ σφιν ἐϋφρονέων ἀγορήσατο καὶ μετέειπεν·   95

« Ἀτρείδη κύδιστε, ἄναξ ἀνδρῶν Ἀγάμεμνον,
ἐν σοὶ μὲν λήξω, σέο δ' ἄρξομαι ! · οὕνεκα πολλῶν
λαῶν ἐσσι ἄναξ, καί τοι Ζεὺς ἐγγυάλιξε
σκῆπτρόν τ' ἠδὲ θέμιστας, ἵνα σφίσι βουλεύῃσθα.
Τῷ σε χρὴ πέρι μὲν φάσθαι ἔπος, ἠδ' ἐπακοῦσαι,   100
κρηῆναι δὲ καὶ ἄλλῳ, ὅτ' ἄν τινα θυμὸς ἀνώγῃ
εἰπεῖν εἰς ἀγαθόν· σέο δ' ἕξεται ὅττι κεν ἄρχῃ.

armé du long javelot : ils vont se poster entre le fossé et la muraille. Là, ils allument des feux, et chacun prépare le repas du soir.

Le fils d'Atrée réunit dans sa tente les plus anciens chefs des Grecs et leur fait servir un somptueux festin. Ils tendent la main vers les mets qu'on a préparés ; puis quand ils ont apaisé leur soif et leur faim, le vieux Nestor se lève le premier de tous pour donner son avis. Il avait déjà donné des preuves de sa haute prudence; il prend encore la parole pour servir les Grecs, et leur dit :

« Illustre fils d'Atrée, Agamemnon, prince des hommes, c'est par toi que je finirai, et c'est par toi que je veux commencer, parce que tu commandes à des peuples nombreux, et que Jupiter a remis entre tes mains le sceptre et l'autorité pour les gouverner. Aussi est-ce surtout à toi qu'il convient de parler, aussi bien que de prêter l'oreille aux discours de quiconque veut bien discuter nos intérêts, pour décider ensuite souverainement à quel parti l'on doit s'arrêter. Moi

ἵζον δὲ	et ils se postaient (postèrent)
ἰόντες κατὰ μέσον	étant allés par le milieu
τάφρου καὶ τείχεος·	du fossé et de la muraille ;
κήαντο δὲ ἔνθα πῦρ,	et ils allumèrent là un feu,
τίθεντο δὲ ἕκαστος δόρπον.	et apprêtèrent chacun le repas.
Ἀτρείδης δὲ	Or le fils-d'Atrée
ἦγεν ἐς κλισίην	conduisit dans sa tente
γέροντας ἀολλέας Ἀχαιῶν,	des vieillards nombreux des Achéens,
τίθει δὲ παρά σφι	et il plaçait (plaça) devant eux
δαῖτα μενοεικέα.	un festin abondant.
Οἱ δὲ ἴαλλον χεῖρας	Ceux-ci tendaient les mains
ἐπὶ ὀνείατα	vers les mets
προχείμενα ἑτοῖμα.	servis-devant eux tout-prêts.
Αὐτὰρ ἐπεὶ ἔξεντο	Mais lorsqu'ils eurent chassé
ἔρον πόσιος καὶ ἐδητύος,	le désir du boire et du manger,
Νέστωρ, ὁ γέρων,	Nestor, le vieillard,
ᾧ καὶ πρόσθεν	dont même auparavant
βουλὴ φαίνετο ἀρίστη,	le conseil paraissait le meilleur,
ἤρχετο πάμπρωτος	commença tout-le-premier
ὑφαίνειν τοῖς μῆτιν·	à tramer à eux un avis-prudent ;
ὁ εὐφρονέων	celui-ci plein-de-bienveillance
ἀγορήσατο καὶ μετέειπέ σφιν·	harangua et dit-parmi eux :
« Ἀτρείδη κύδιστε,	« Fils-d'Atrée très-glorieux,
Ἀγάμεμνον, ἄναξ ἀνδρῶν,	Agamemnon, prince des hommes,
λήξω μὲν ἐν σοί,	je finirai à la vérité par toi,
ἄρξομαι δὲ ἐκ σέο·	et je commencerai par toi ;
οὕνεκά ἐσσι ἄναξ	parce que tu es prince
λαῶν πολλῶν,	de peuples nombreux,
καὶ Ζεὺς ἐγγυάλιξέ σοι	et que Jupiter a mis-en-main à toi
σκῆπτρόν τε ἠδὲ θέμιστας,	et le sceptre et les droits,
ἵνα βουλεύῃσθα σφίσι.	afin que tu veillasses sur eux.
Τῷ χρή σε πέρι	C'est pourquoi il faut toi surtout
φάσθαι μὲν ἔπος,	et dire un discours (ton avis),
ἠδὲ ἐπακοῦσαι,	et écouter celui des autres,
κρηῆναι δὲ καὶ ἄλλῳ,	et exécuter même pour un autre,
ὅτε θυμός	lorsque le cœur
ἂν ἀνώγῃ τινὰ	pousse quelqu'un
εἰπεῖν εἰς ἀγαθόν·	à parler pour le bien ;
ὅττι δέ κεν ἄρχῃ	et quelque avis qui l'emporte
ἔσσεται σέο.	l'exécution dépendra de toi.

Αὐτὰρ ἐγὼν ἐρέω ὥς μοι δοκεῖ εἶναι ἄριστα.
Οὐ γάρ τις νόον ἄλλος ἀμείνονα τοῦδε νοήσει
οἷον ἐγὼ νοέω, ἠμὲν πάλαι, ἠδ᾽ ἔτι καὶ νῦν,   105
ἐξέτι τοῦ ὅτε, Διογενὲς, Βρισηΐδα κούρην
χωομένου Ἀχιλῆος ἔβης κλισίηθεν ἀπούρας,
οὔτι καθ᾽ ἡμέτερόν γε νόον· μάλα γάρ τοι ἔγωγε
πόλλ᾽ ἀπεμυθεόμην· σὺ δὲ σῷ μεγαλήτορι θυμῷ
εἴξας, ἄνδρα φέριστον, ὃν ἀθάνατοί περ ἔτισαν,   110
ἠτίμησας· ἑλὼν γὰρ ἔχεις γέρας. Ἀλλ᾽ ἔτι καὶ νῦν
φραζώμεσθ᾽ ὥς κέν μιν ἀρεσσάμενοι πεπίθωμεν
δώροισίν τ᾽ ἀγανοῖσιν, ἔπεσσί τε μειλιχίοισι. »

    Τὸν δ᾽ αὖτε προσέειπεν ἄναξ ἀνδρῶν Ἀγαμέμνων·
« Ὦ γέρον, οὔτι ψεῦδος ἐμὰς ἄτας κατέλεξας·   115
ἀασάμην, οὐδ᾽ αὐτὸς ἀναίνομαι. Ἀντί νυ πολλῶν

donc, je vais dire ce qu'il me paraît y avoir de mieux à faire. Il n'est
personne qui puisse ouvrir un meilleur avis que le mien. C'est un pro-
jet que j'ai conçu il y a longtemps et que je nourris encore, depuis que,
fils de Jupiter, tu as enlevé de la tente d'Achille irrité la jeune Briséis, bien malgré moi ; car j'ai fait mes efforts pour t'en détourner ;
mais tu n'as écouté que la voix de ton cœur altier, et tu as offensé un
héros, que respectent les immortels eux-mêmes ; tu lui as pris sa part !
Eh bien , avisons maintenant , s'il n'est pas trop tard, aux moyens de
l'apaiser par de riches présents et par des paroles conciliantes ! »

    Alors Agamemnon, prince des hommes, lui répond : « Vieillard, tu
n'as rien dit de contraire à la vérité en rappelant mes fautes. J'ai été
coupable ; je ne le nie pas. Un homme vaut à lui seul plusieurs armées,

Αὐτὰρ ἐγὼν ἐρέω	Mais moi, je dirai
ὡς δοκεῖ μοι	comme il paraît à moi
εἶναι ἄριστα.	être le mieux.
Οὔ τις γὰρ ἄλλος	Car personne autre
νοήσει νόον	ne concevra une pensée
ἀμείνονα τοῦδε,	meilleure que celle-ci,
οἷον ἐγὼ νοέω,	telle-que je *la* conçois,
ἠμὲν πάλαι,	et depuis-longtemps,
ἠδὲ ἔτι καὶ νῦν,	et encore même maintenant,
ἐξέτι τοῦ ὅτε,	depuis le *jour* où,
Διογενές,	fils-de-Jupiter,
ἐδῆς ἀπούρας κλισίηθεν	tu allas ayant ravi de-*sa*-tente
Ἀχιλῆος χωομένου	à Achille irrité
Βρισηΐδα κούρην·	Briséis, jeune-fille ;
οὔτι γε	nullement du-moins
κατὰ ἡμέτερον νόον·	selon notre sentiment ;
ἔγωγε γὰρ	car quant-à-moi
ἀπεμυθεόμην τοι	je tâchais-de-dissuader toi
μάλα πολλά·	*par* de très nombreuses *raisons ;*
σὺ δὲ εἴξας	mais toi ayant cédé
σῷ θυμῷ μεγαλήτορι,	à ta colère fière,
ἠτίμησας ἄνδρα φέριστον,	tu outrageas un homme excellent,
ὅν περ ἀθάνατοι ἔτισαν·	que même les immortels honorèrent ;
ἔχεις γὰρ γέρας	car tu as *sa* récompense
ἑλών.	*l'*ayant prise.
Ἀλλὰ ἔτι καὶ νῦν	Mais encore même maintenant
φραζώμεσθα ὥς	délibérons comment
κε πεπίθωμέν μιν	nous pourrions-persuader lui
ἀρεσσάμενοι	*l'*ayant apaisé
δώροισί τε ἀγανοῖσιν	et par des présents aimables
ἔπεσσί τε μειλιχίοισιν. »	et par des paroles de-miel. »
Ἀγαμέμνων δὲ	Or Agamemnon
ἄναξ ἀνδρῶν	prince des hommes
προσέειπε τὸν αὖτε·	dit-à lui en retour :
« Ὦ γέρον,	« O vieillard,
κατέλεξας ἐμὰς ἄτας·	tu as dit-en-détail mes fautes
οὔτι ψεῦδος·	nullement à-faux ;
ἀασάμην,	j'ai commis-des-fautes,
οὐδὲ αὐτὸς ἀναίνομαι.	et *moi*-même je ne *le* nie pas.
Ἀνήρ νυ ὅντε	L'homme certes lequel

λαῶν ἐστὶν ἀνὴρ ὅντε Ζεὺς κῆρι φιλήσῃ·
ὡς νῦν τοῦτον ἔτισε, δάμασσε δὲ λαὸν Ἀχαιῶν.
Ἀλλ’ ἐπεὶ ἀασάμην, φρεσὶ λευγαλέῃσι πιθήσας,
ἂψ ἐθέλω ἀρέσαι, δόμεναί τ’ ἀπερείσι’ ἄποινα.　　　　　　120
Ὑμῖν δ’ ἐν πάντεσσι περικλυτὰ δῶρ’ ὀνομήνω·
ἕπτ’ ἀπύρους τρίποδας, δέκα δὲ χρυσοῖο τάλαντα Ι,
αἴθωνας δὲ λέβητας ἐείκοσι, δώδεκα δ’ ἵππους
πηγοὺς, ἀθλοφόρους, οἳ ἀέθλια ποσσὶν ἄροντο.
Οὔ κεν ἀλήϊος εἴη ἀνὴρ ᾧ τόσσα γένοιτο,　　　　　　125
οὐδέ κεν ἀκτήμων ἐριτίμοιο χρυσοῖο,
ὅσσα μοι ἠνείκαντο ἀέθλια μώνυχες ἵπποι.
Δώσω δ’ ἑπτὰ γυναῖκας, ἀμύμονα ἔργ’ εἰδυίας,
Λεσβίδας, ἅς, ὅτε Λέσβον ἐϋκτιμένην ἕλεν αὐτὸς,
ἐξελόμην, αἳ κάλλει ἐνίκων φῦλα γυναικῶν·　　　　　　130
τὰς μέν οἱ δώσω· μετὰ δ’ ἔσσεται, ἣν τότ’ ἀπηύρων

quand il est aimé de Jupiter, qui le prouve aujourd’hui en perdant
l’armée des Grecs pour venger l’injure d’Achille. Mais puisque je fus
coupable, en suivant les funestes inspirations de mon cœur, je veux
l’apaiser et le combler de riches présents. Je veux vous dire à tous
les richesses que je lui réserve : sept trépieds, qui n’ont pas encore
été au feu; dix talents d’or; vingt bassins brillants et douze valeureux coursiers, qui remportèrent des prix à la course. Un homme serait riche et regorgerait d’or précieux, s’il avait seulement tous les
prix qu’ont remportés pour moi ces coursiers aux pieds rapides. J’y
ajouterai sept femmes de Lesbos, habiles dans de savants ouvrages,
et que je choisis pour ma part du butin fait à Lesbos, quand Achille
prit lui-même cette ville aux belles murailles : elles effacent toutes
les autres femmes en beauté. Je les lui donnerai, et parmi elles se

Ζεὺς φιλήσῃ κῆρι	Jupiter a chéri dans *son* cœur
ἐστὶν ἀντὶ	est au lieu (tient lieu)
λαῶν πολλῶν·	de troupes nombreuses ;
ὡς νῦν	comme aujourd'hui
ἔτισε τοῦτον,	*Jupiter* a honoré celui-ci,
δάμασσε δὲ λαὸν Ἀχαιῶν.	et a dompté le peuple des Achéens.
Ἀλλὰ ἐπεὶ ἀασάμην,	Mais puisque j'ai failli,
πιθήσας φρεσὶ λευγαλέῃσιν,	ayant obéi à *mon* esprit pernicieux,
ἐθέλω ἂψ ἀρέσαι,	je veux en-retour apaiser *Achille*,
δόμεναί τε	et *lui* donner
ἄποινα ἀπερείσια.	des indemnités infinies.
Ὀνομήνω δὲ	Or je nommerai
δῶρα περικλυτὰ	*ces* présents magnifiques
ἐν ὑμῖν πάντεσσιν·	parmi vous tous :
ἑπτὰ τρίποδας	sept trépieds
ἀπύρους,	n'ayant-pas-été-au-feu,
δέκα δὲ τάλαντα χρυσοῖο,	et dix talents d'or,
ἐείκοσι δὲ λέβητας αἴθωνας,	et vingt bassins brillants,
δώδεκα δὲ ἵππους	et douze chevaux
πηγοὺς, ἀθλοφόρους,	robustes, vainqueurs,
οἳ ἄροντο ἀέθλια	qui remportèrent des prix
ποσσίν.	avec *leurs* pieds (à la course).
Οὔ κεν εἴη ἀλήϊος,	Il ne serait certes pas sans-butin,
οὐδέ κεν ἀκτήμων	ni certes sans-possession
χρυσοῖο ἐριτίμοιο,	d'or très-précieux,
ἀνὴρ ᾧ γένοιτο	l'homme auquel seraient arrivés
τόσσα	autant de *biens*
ὅσσα ἵπποι μώνυχες	que *ces* chevaux solipèdes
ἠνείχαντο ἀέθλιά μοι.	ont remporté de prix pour moi.
Δώσω δὲ ἑπτὰ γυναῖκας,	Et je *lui* donnerai sept femmes,
εἰδυίας ἔργα ἀμύμονα,	sachant des ouvrages irréprochables,
Λεσβίδας,	Lesbiennes,
ἃς ἐξελόμην,	que je me suis choisies,
ὅτε ἕλεν αὐτὸς	lorsque il prit lui-même
Λέσβον ἐϋκτιμένην,	Lesbos bien-bâtie,
αἳ ἐνίκων κάλλει	lesquelles surpassaient en beauté
φῦλα γυναικῶν·	les races des femmes ;
δώσω μὲν τάς οἱ,	je donnerai à la vérité elles à lui,
μετὰ δὲ ἔσσεται	et parmi *elles* sera *celle*
ἣν ἀπηύρων τότε	que je *lui* ai ravie alors

κούρην Βρισῆος· καὶ ἐπὶ μέγαν ὅρκον ὀμοῦμαι,
μήποτε τῆς εὐνῆς ἐπιβήμεναι ἠδὲ μιγῆναι,
ἦ θέμις ἀνθρώπων πέλει, ἀνδρῶν ἠδὲ γυναικῶν.
Ταῦτα μὲν αὐτίκα πάντα παρέσσεται· εἰ δέ κεν αὖτε   135
ἄστυ μέγα Πριάμοιο θεοὶ δώωσ' ἀλαπάξαι,
νῆα ἅλις χρυσοῦ καὶ χαλκοῦ νηησάσθω,
εἰσελθών, ὅτε κεν δατεώμεθα ληΐδ' Ἀχαιοί.
Τρωϊάδας δὲ γυναῖκας ἐείκοσιν αὐτὸς ἑλέσθω,
αἵ κε μετ' Ἀργείην Ἑλένην κάλλισται ἔωσιν.   140
Εἰ δέ κεν Ἄργος ἱκοίμεθ' Ἀχαιϊκὸν, οὖθαρ ἀρούρης,
γαμβρός κέν μοι ἔοι· τίσω δέ μιν ἶσον Ὀρέστη,
ὅς μοι τηλύγετος τρέφεται θαλίῃ ἔνι πολλῇ.
Τρεῖς δέ μοί εἰσι θύγατρες ἐνὶ μεγάρῳ εὐπήκτῳ,
Χρυσόθεμις, καὶ Λαοδίκη καὶ Ἰφιάνασσα¹·   145
τάων ἥν κ' ἐθέλῃσι, φίλην ἀνάεδνον ἀγέσθω
πρὸς οἶκον Πηλῆος· ἐγὼ δ' ἐπὶ μείλια δώσω
πολλὰ μάλ', ὅσσ' οὔπω τις ἑῇ ἐπέδωκε θυγατρί.

trouvera celle que je lui ai ravie, la fille de Brisès. Je veux attester
par le plus grand des serments que je n'ai jamais partagé sa couche,
et ne me suis pas uni à elle par les liens que les lois humaines consacrent entre l'homme et la femme. Voilà les trésors que je lui tiens
tout prêts; et si les dieux nous donnent de renverser la grande ville
de Priam, il pourra charger pour lui un vaisseau d'or et d'airain,
lorsque les Grecs se partageront le butin entre eux. Il choisira aussi
vingt femmes Troyennes, les plus belles après Hélène; et si jamais
nous retournons dans les plaines fertiles de l'Achaïe, dans la ville
d'Argos, il sera mon gendre : je lui réserve la même affection qu'à
mon cher Oreste, mon dernier-né que je fais élever au sein de l'abondance. J'ai trois filles dans mon superbe palais, Chrysothémis, Lao-
dice et Iphianasse : il épousera celle qu'il lui plaira, sans lui faire
de cadeaux de noce, et l'emmènera dans la demeure de Pélée. Je lui
donnerai même une dot magnifique et telle qu'aucun père n'en donna

κούρην Βρισῆος·   la jeune-fille de Brisès ;

καὶ ἐπομοῦμαι   et je jurerai-dessus

ὅρκον μέγαν,   un serment grand,

μήποτε ἐπιβήμεναι τῆς εὐνῆς de n'être jamais monté-sur *son* lit

ἠδὲ μιγῆναι,   et de *ne* m'être *pas* uni *à elle*,

ἣ πέλει θέμις ἀνθρώπων, comme c'est le droit des hommes,

ἀνδρῶν ἠδὲ γυναικῶν. *entre* hommes et femmes.

Πάντα μὲν ταῦτα   Toutes ces choses à la vérité

παρέσσεται αὐτίκα·   seront-prêtes sur-le-champ ;

εἰ δὲ αὖτε   mais si en-retour

θεοὶ δώωσί κεν   les dieux *nous* donnent

ἀλαπάξαι ἄστυ μέγα Πριάμοιο, de détruire la ville grande de Priam,

εἰσελθών,   étant entré-dedans,

νηησάσθω νῆα   qu'il charge-pour-lui un vaisseau

ἅλις χρυσοῦ καὶ χαλκοῦ, abondamment d'or et d'airain,

ὅτε Ἀχαιοὶ   lorsque *nous autres* Achéens

δατεώμεθά κε ληΐδα.   nous nous partagerons le butin.

Ἑλέσθω δὲ αὐτὸς   Or qu'il choisisse lui-même

ἐείκοσι γυναῖκας Τρωϊάδας, vingt femmes Troyennes,

αἵ κεν ἔωσι κάλλισται   qui soient les plus belles

μετὰ Ἑλένην Ἀργείην. après Hélène *l'*Argienne.

Εἰ δέ κεν ἱκοίμεθα   Et si nous arrivons

Ἄργος Ἀχαιϊκὸν,   à Argos, *ville* Achéenne,

οὖθαρ ἀρούρης,   mamelle de la terre (terre fertile),

ἔοι κε γαμβρός μοι·   qu'il soit *alors* gendre à moi ;

τίσω δέ μιν ἶσον Ὀρέστῃ, et j'honorerai lui à l'égal d'Oreste,

ὃς τρέφεται τηλύγετός μοι qui est élevé dernier-né à moi

ἐνὶ θαλίῃ πολλῇ.   dans une opulence grande.

Τρεῖς δὲ θύγατρες εἰσί μοι Et trois filles sont à moi

ἐνὶ μεγάρῳ εὐπήκτῳ,   dans *mon* palais bien-bâti,

Χρυσόθεμις καὶ Λαοδίκη Chrysothémis et Laodice

καὶ Ἰφιάνασσα·   et Iphianasse ;

τάων ἀγέσθω φίλην   desquelles qu'il emmène sienne

ἀνάεδνον   sans-présents-de-noce

πρὸς οἶκον Πηλῆος   vers la maison de Pélée

ἥν κεν ἐθέλησιν·   celle-que il voudra ;

ἐγὼ δὲ ἐπιδώσω   et moi je donnerai-en-outre

μείλια μάλα πολλὰ,   des présents très nombreux,

ὅσσά οὔτις   autant-que personne

ἐπέδωκέ πω ἑῇ θυγατρί. n'*en* a encore donné à sa fille.

Ἑπτὰ δέ οἱ δώσω εὐναιόμενα πτολίεθρα,
Καρδαμύλην, Ἐνόπην τε καὶ Ἰρὴν ποιήεσσαν,   15o
Φηράς τε ζαθέας ἠδ᾽ Ἄνθειαν βαθύλειμον,
καλήν τ᾽ Αἴπειαν καὶ Πήδασον ἀμπελόεσσαν.
Πᾶσαι δ᾽ ἐγγὺς ἁλός, νέαται Πύλου ἠμαθόεντος·
ἐν δ᾽ ἄνδρες ναίουσι πολύῤῥηνες, πολυβοῦται,
οἵ κέ ἑ δωτίνῃσι, θεὸν ὣς, τιμήσουσι,   155
καί οἱ ὑπὸ σκήπτρῳ λιπαρὰς τελέουσι θέμιστας.
Ταῦτά κέ οἱ τελέσαιμι, μεταλλήξαντι χόλοιο.
Δμηθήτω· Ἀΐδης τοι ἀμείλιχος ἠδ᾽ ἀδάμαστος·
τοὔνεκα καί τε βροτοῖσι θεῶν ἔχθιστος ἁπάντων·
καί μοι ὑποστήτω, ὅσσον βασιλεύτερός εἰμι,   16o
ἠδ᾽ ὅσσον γενεῇ προγενέστερος εὔχομαι εἶναι. »
    Τὸν δ᾽ ἠμείβετ᾽ ἔπειτα Γερήνιος ἱππότα Νέστωρ·
« Ἀτρείδη κύδιστε, ἄναξ ἀνδρῶν Ἀγάμεμνον,
δῶρα μὲν οὐκέτ᾽ ὀνοστὰ διδοῖς Ἀχιλῆϊ ἄνακτι·

jamais à sa fille. Je lui cèderai sept populeuses cités, Cardamylé, Énopé,
la verdoyante Iré, la divine Phères, Anthéa aux fertiles prairies, la
belle Épéa, et Pédase aux vignes fécondes, toutes près de la mer, et
voisines de la sablonneuse Pylos. Elles sont habitées par des hommes
riches en troupeaux de bœufs et de brebis, qui l'honoreront à l'égal
d'un dieu, le combleront de présents, et, soumis à son sceptre, lui
paieront de riches tributs. Voilà ce que je ferai pour lui, s'il veut oublier sa colère. Qu'il se laisse fléchir! Pluton seul est inflexible et
implacable : aussi est-il de tous les dieux le plus en horreur aux
mortels! Qu'il me cède, enfin, puisque j'ai sur lui l'avantage de la
puissance et la supériorité de l'âge ! »
    Alors Nestor de Gérénie, habile à conduire les coursiers, reprit en
ces termes : « Illustre fils d'Atrée, Agamemnon, prince des hommes,
les présents que tu offres au divin Achille ne sont pas indignes de lui.

Δώσω δέ οἱ	Puis je donnerai à lui
ἑπτὰ πτολίεθρα εὐναιόμενα,	sept villes bien-habitées,
Καρδαμύλην Ἐνόπην τε	Cardamylé et Énopé
καὶ Ἱρὴν ποιήεσσαν,	et Iré verdoyante,
Φηράς τε ζαθέας	et Phères très-divine
ἠδὲ Ἄνθειαν βαθύλειμον,	et Anthéa aux-profondes-prairies,
Αἴπειάν τε καλὴν	et Épéa la belle
καὶ Πήδασον ἀμπελόεεσσαν.	et Pédase pleine-de-vignes.
Πᾶσαι δὲ ἐγγὺς ἁλὸς,	Or toutes sont près de la mer,
νέαται Πύλου	les dernières du côté de Pylos
ἠμαθόεντος·	sablonneuse;
ἄνδρες δὲ πολύρρηνες,	et des hommes riches-en-agneaux,
πολυβοῦται,	riches-en-bœufs,
ἐνναίουσιν,	habitent-dedans,
οἵ κε τιμήσουσίν ἑ	lesquels certes honoreront lui
ὡς θεὸν	comme un dieu
δωτίνῃσι,	par des offrandes,
καὶ τελέουσίν οἱ	et paieront à lui
ὑπὸ σκήπτρῳ	sous le sceptre
θέμιστας λιπαράς.	des droits (tributs) magnifiques.
Τελέσαιμί κε ταῦτά	Je paierais ces choses
οἱ μεταλλήξαντι χόλοιο.	à lui ayant renoncé à sa colère.
Δμηθήτω·	Qu'il se laisse-fléchir :
Ἀΐδης τοι	Pluton certes est
ἀμείλιχος ἠδὲ ἀδάμαστος·	implacable et inflexible;
τοὔνεκα καί τε	et à-cause-de-cela aussi
ἔχθιστος	il est le plus odieux
ἁπάντων θεῶν	de tous les dieux
βροτοῖσι·	aux mortels :
καὶ ὑποστήτω μοι,	et qu'il cède à moi,
ὅσσον εἰμὶ βασιλεύτερος	autant-que je suis plus-puissant-roi
ἠδὲ ὅσσον εὔχομαι εἶναι	et autant-que je me vante d'être
προγενέστερος γενεῇ. »	plus âgé par la naissance. »
Νέστωρ δὲ ἱππότα Γερήνιος	Or Nestor cavalier de-Gérénie
ἠμείβετο ἔπειτα τόν·	répondit ensuite à lui :
« Ἀτρείδη κύδιστε,	« Fils-d'Atrée très-glorieux,
Ἀγάμεμνον, ἄναξ ἀνδρῶν,	Agamemnon, prince des hommes,
διδοῖς μὲν δῶρα	tu donnes à la vérité des présents
οὐκέτι ὀνοστὰ	non-plus méprisables
Ἀχιλῆϊ ἄνακτι·	à Achille roi ;

ἀλλ' ἄγετε, κλητοὺς ὀτρύνομεν, οἵ κε τάχιστα   165
ἔλθωσ' ἐς κλισίην Πηληϊάδεω Ἀχιλῆος.
Εἰ δ' ἄγε, τοὺς ἂν ἐγὼν ἐπιόψομαι· οἱ δὲ πιθέσθων.
Φοῖνιξ μὲν πρώτιστα, Διῒ φίλος, ἡγησάσθω·
αὐτὰρ ἔπειτ' Αἴας τε μέγας καὶ δῖος Ὀδυσσεύς·
κηρύκων δ' Ὀδίος τε καὶ Εὐρυβάτης ἅμ' ἑπέσθων.   170
Φέρτε δὲ χερσὶν ὕδωρ, εὐφημῆσαί τε κέλεσθε,
ὄφρα Διῒ Κρονίδῃ ἀρησόμεθ', αἵ κ' ἐλεήσῃ. »
  Ὣς φάτο· τοῖσι δὲ πᾶσιν ἑαδότα μῦθον ἔειπεν.
Αὐτίκα κήρυκες μὲν ὕδωρ ἐπὶ χεῖρας ἔχευαν,
κοῦροι δὲ κρητῆρας ἐπεστέψαντο ποτοῖο·   175
νώμησαν δ' ἄρα πᾶσιν, ἐπαρξάμενοι δεπάεσσιν.
Αὐτὰρ ἐπεὶ σπεῖσάν τ', ἔπιόν θ', ὅσον ἤθελε θυμὸς,
ὡρμῶντ' ἐκ κλισίης Ἀγαμέμνονος Ἀτρείδαο.
Τοῖσι δὲ πόλλ' ἐπέτελλε Γερήνιος ἱππότα Νέστωρ,

Eh bien, allons! Désignons ceux que nous enverrons en toute hâte à la tente d'Achille, fils de Pélée. Je vais donc les choisir moi-même : qu'ils obéissent à ma voix! Phénix, aimé de Jupiter, les conduira. Après lui marcheront le grand Ajax et le divin Ulysse, suivis des hérauts Odius et Eurybate. Apportez-nous de l'eau pour purifier nos mains, et commandez à tous de faire silence, afin que nous puissions adresser nos prières à Jupiter, fils de Saturne : peut-être aura-t-il pitié de nous ! »

Il parla ainsi, et à la satisfaction de tous. Aussitôt les hérauts versent une onde pure sur les mains des chefs, et des jeunes gens remplissent de vin les cratères jusqu'au bord, et dégustent les coupes avant de les offrir aux convives. Quand on eut fait des libations et bu chacun à son gré, les députés sortirent de la tente d'Agamemnon, fils d'Atrée. Alors Nestor de Gérénie, habile à conduire les coursiers, leur

ἀλλὰ ἄγετε,	mais allez,
ὀτρύνομεν κλητοὺς,	encourageons des *hommes* choisis,
οἵ κεν ἔλθωσι τάχιστα	qui aillent le-plus-tôt-possible
ἐς κλισίην Ἀχιλῆος	dans la tente d'Achille,
Πηληϊάδεω.	fils-de-Pélée.
Εἰ δὲ, ἄγε,	Eh bien, va !
ἐγὼν ἂν ἐπιόψομαι τούς ·	moi je choisirai eux ;
οἱ δὲ πιθέσθων.	et que eux obéissent.
Φοῖνιξ μὲν πρώτιστα,	Que Phénix à la vérité tout-d'abord,
φίλος Διὶ,	cher à Jupiter
ἡγησάσθω ·	*les* conduise ;
αὐτὰρ ἔπειτα Αἴας τε μέγας	de plus ensuite et Ajax grand
καὶ Ὀδυσσεὺς δῖος ·	et Ulysse divin ;
κηρύκων δὲ	et que *deux* des hérauts
Ὀδίος τε καὶ Εὐρυβάτης	et Odius et Eurybate
ἐπέσθων ἅμα.	suivent ensemble.
Φέρτε δὲ ὕδωρ χερσὶ,	Mais apportez de l'eau pour *nos* mains,
κέλεσθέ τε εὐφημῆσαι,	et ordonnez de se taire,
ὄφρα ἀρησόμεθα.	afin que nous suppliions
Διὶ Κρονίδη,	Jupiter fils-de-Saturne,
αἴ κεν ἐλεήσῃ. »	s'il aura-pitié *de nous.* »
Φάτο ὣς ·	Il parla ainsi ;
ἔειπε δὲ μῦθον	et il dit un discours
ἑαδότα τοῖς πᾶσιν.	agréable à eux tous.
Αὐτίκα κήρυκες μὲν	Aussitôt les hérauts à la vérité
ἔχευαν ὕδωρ ἐπὶ χεῖρας,	versèrent de l'eau sur les mains,
κοῦροι δὲ	et des jeunes-gens
ἐπεστέψαντο	couronnèrent (emplirent)
κρητῆρας ποτοῖο ·	les cratères de boisson ;
νώμησαν δὲ ἄρα πᾶσιν,	et ils distribuèrent certes à tous,
ἐπαρξάμενοι	ayant commencé *par boire*
δεπάεσσιν.	aux coupes.
Αὐτὰρ ἐπεὶ	Mais après que
σπεῖσάν τε	et ils eurent fait-des-libations
ἔπιόν τε,	et ils eurent bu,
ὅσον θυμὸς ἤθελεν,	autant-que *leur* cœur le voulait,
ὡρμῶντο ἐκ κλισίης	ils s'élancèrent hors de la tente
Ἀγαμέμνονος Ἀτρείδαο.	d'Agamemnon fils-d'Atrée.
Νέστωρ δὲ ἱππότα Γερήνιος	Mais Nestor cavalier de-Gérénie
δενδίλλων ἐς ἕκαστον,	portant-ses-regards sur chacun,

δενδίλλων ἐς ἕκαστον, Ὀδυσσῆϊ δὲ μάλιστα,   180
πειρᾶν ὡς πεπίθοιεν ἀμύμονα Πηλείωνα.

   Τὼ δὲ βάτην ¹ παρὰ θῖνα πολυφλοίσβοιο θαλάσσης,
πολλὰ μάλ᾽ εὐχομένω γαιηόχῳ Ἐννοσιγαίῳ,
ῥηϊδίως πεπιθεῖν μεγάλας φρένας Αἰακίδαο.
Μυρμιδόνων δ᾽ ἐπί τε κλισίας καὶ νῆας ἱκέσθην ·   185
τὸν δ᾽ εὗρον φρένα τερπόμενον φόρμιγγι λιγείῃ,
καλῇ, δαιδαλέῃ, ἐπὶ δ᾽ ἀργύρεον ζυγὸν ἦε ·
τὴν ἄρετ᾽ ἐξ ἐνάρων, πόλιν Ἠετίωνος ὀλέσσας ·
τῇ ὅγε θυμὸν ἔτερπεν, ἄειδε δ᾽ ἄρα κλέα ἀνδρῶν.
Πάτροκλος δέ οἱ οἶος ἐναντίος ἧστο σιωπῇ,   190
δέγμενος Αἰακίδην ὁπότε λήξειεν ἀείδων.
Τὼ δὲ βάτην προτέρω, ἡγεῖτο δὲ δῖος Ὀδυσσεύς ·
στὰν δὲ πρόσθ᾽ αὐτοῖο · ταφὼν δ᾽ ἀνόρουσεν Ἀχιλλεὺς,
αὐτῇ σὺν φόρμιγγι, λιπὼν ἕδος ἔνθα θάασσεν.

donna ses instructions, en s'adressant à chacun en particulier, mais surtout à Ulysse, pour arriver à fléchir l'irréprochable fils de Pélée.

   Ils cheminent le long du rivage de la mer retentissante, priant avec ferveur Neptune, qui embrasse la terre de ses ondes, de les aider à fléchir le cœur superbe du petit-fils d'Eaque. Ils arrivent enfin aux tentes et aux vaisseaux des Myrmidons. Ils trouvent Achille qui charmait ses loisirs par les accords de sa lyre : belle et richement travaillée, elle était surmontée d'un chevalet d'argent. Elle avait fait partie du butin pris sur la ville d'Éétion. Elle calmait alors le ressentiment d'Achille, qui chantait la gloire des héros. Patrocle seul se tenait en silence en face de lui, et attendait que le petit-fils d'Éaque eût terminé ses chants. Les envoyés s'avancent conduits par Ulysse et se présentent devant Achille, qui, surpris, se lève, sans abandonner sa lyre, et quitte

ἐπέτελλε τοῖσι	recommanda à eux
πολλά,	beaucoup-de-choses,
μάλιστα δὲ Ὀδυσσῆϊ,	et surtout à Ulysse,
πειρᾶν	*leur recommandant* de tâcher
ὡς πεπίθοιεν	afin qu'ils persuadassent
Πηλείωνα ἀμύμονα.	le fils-de-Pélée irréprochable.
Τὼ δὲ βάτην	Or eux-deux allèrent
παρὰ θῖνα	le-long-du rivage
θαλάσσης πολυφλοίσβοιο,	de la mer retentissante,
εὐχομένω μάλα πολλὰ	priant certes beaucoup
Ἐννοσιγαίῳ	*le-dieu*-qui-ébranle-la-terre,
γαιηόχῳ,	qui-entoure-la-terre,
πεπιθεῖν ῥηϊδίως	de persuader facilement
φρένας μεγάλας Αἰακίδαο.	l'âme grande du descendant-d'Eaque.
Ἱκέσθην δὲ ἐπὶ κλισίας τε	Or ils arrivèrent et aux tentes
καὶ νῆας Μυρμιδόνων ·	et aux vaisseaux des Myrmidous ;
εὗρον δὲ τὸν	et ils trouvèrent lui (Achille)
τερπόμενον φρένα	charmant *son* esprit
φόρμιγγι λιγείῃ,	par une lyre harmonieuse,
καλῇ, δαιδαλέῃ,	belle, artistement-travaillée,
ζυγὸν δὲ ἀργύρεον	et un chevalet d'argent
ἔπηεν ·	était-au-dessus ;
ἄρετο τὴν	il avait pris elle
ἐξ ἐνάρων,	parmi les dépouilles,
ὀλέσσας πόλιν Ἠετίωνος ·	ayant détruit la ville d'Éétion ;
ὅγε ἔτερπε θυμὸν τῇ,	celui-ci charmait *son* cœur par elle,
ἄειδε δὲ ἄρα	et il chantait donc
κλέα ἀνδρῶν.	les gloires des hommes.
Πάτροκλος δὲ οἶος	Or Patrocle seul
ἧστο σιωπῇ ἐναντίος οἱ,	était-assis en-silence opposé à lui,
δέγμενος Αἰακίδην	attendant le descendant-d'Eaque
ὁπότε λήξειεν ἀείδων.	quand il finirait chantant (de chanter).
Τὼ δὲ βάτην	Or eux-deux allèrent
προτέρω,	plus avant (dans la tente),
Ὀδυσσεὺς δὲ δῖος ἡγεῖτο ·	et Ulysse divin *les* conduisait ;
στὰν δὲ πρόσθεν αὐτοῖο ·	et ils se tinrent devant lui (Achille) ;
Ἀχιλλεὺς δὲ ταφὼν ἀνόρουσε	mais Achille étonné s'élança
σὺν φόρμιγγι αὐτῇ,	avec *sa* lyre même,
λιπὼν ἕδος,	ayant laissé le siége,
ἔνθα θάασσε.	où il était-assis.

Ὣς δ' αὔτως Πάτροκλος, ἐπεὶ ἴδε φῶτας, ἀνέστη.   195

Τὼ καὶ δεικνύμενος προσέφη πόδας ὠκὺς Ἀχιλλεύς·

« Χαίρετον· ἦ φίλοι ἄνδρες ἱκάνετον· ἦ τι μάλα χρεώ·

οἵ μοι σκυζομένῳ περ Ἀχαιῶν φίλτατοί ἐστον. »

Ὣς ἄρα φωνήσας, προτέρω ἄγε δῖος Ἀχιλλεύς.

Εἷσεν δ' ἐν κλισμοῖσι, τάπησί τε πορφυρέοισιν·   200

αἶψα δὲ Πάτροκλον προσεφώνεεν, ἐγγὺς ἐόντα·

« Μείζονα δὴ κρητῆρα, Μενοιτίου υἱὲ, καθίστα·

ζωρότερον δὲ κέραιε, δέπας δ' ἔντυνον ἑκάστῳ.

Οἱ γὰρ φίλτατοι ἄνδρες ἐμῷ ὑπέασι μελάθρῳ. »

Ὣς φάτο· Πάτροκλος δὲ φίλῳ ἐπεπείθεθ' ἑταίρῳ.   205

Αὐτὰρ ὅγε χρεῖον μέγα κάββαλεν ἐν πυρὸς αὐγῇ,

ἐν δ' ἄρα νῶτον ἔθηκ' ὄϊος καὶ πίονος αἰγὸς,

ἐν δὲ συὸς σιάλοιο ῥάχιν τεθαλυῖαν ἀλοιφῇ.

le siége où il était assis. A leur vue, Patrocle se lève aussi. Alors Achille aux pieds légers, leur tend la main, et leur dit :

« Salut! soyez ici les biens venus. C'est sans doute une dure nécessité qui vous amène vers moi ; mais, malgré mon ressentiment, vous êtes de tous les Grecs les plus chers à mon cœur. »

A ces mots, le divin Achille les introduit dans sa tente, et leur fait prendre place sur des lits couverts de tapis de pourpre. Puis, s'adressant à Patrocle qui se trouve près de lui :

« Fils de Ménétius, apporte-nous le plus grand cratère ; remplis-le du vin le plus pur, et présente une coupe à chacun : car mes meilleurs amis sont aujourd'hui sous ma tente. »

Il dit. Patrocle s'empresse d'obéir à son cher compagnon. Achille place près de la flamme du foyer une grande table destinée à recevoir les viandes, et il y met les épaules d'une brebis et d'une chèvre grasse, ainsi que le dos succulent d'un porc bien nourri. Automédon

Πάτροκλος δὲ ἀνέστη αὐτως ὣς,	Or Patrocle se leva tout de même,
ἐπεὶ ἴδε φῶτας.	quand il vit *ces* hommes.
Καὶ δεικνύμενος τὼ	Et, accueillant eux-deux,
Ἀχιλλεὺς ὠκὺς πόδας	Achille rapide *quant* aux pieds
προσέφη·	dit-à *eux* :
« Χαίρετον·	« Salut-à-vous :
ἦ ἱκάνετον	sans doute vous êtes venus
ἄνδρες φίλοι·	hommes amis; [très-*grand*;
ἦ τι χρεὼ μάλα·	certainement *il est* quelque besoin
οἵ ἐστον	ô *vous* qui êtes
φίλτατοι Ἀχαιῶν	les plus chers des Achéens
μοι σκυζομένῳ περ. »	à moi irrité pourtant. »
Φωνήσας ἄρα ὣς,	Or ayant parlé ainsi,
Ἀχιλλεὺς δῖος	Achille divin
ἆγε προτέρω.	*les* conduisit plus avant.
Εἷσε δὲ	Puis il *les* fit-asseoir
ἐν κλισμοῖσι	sur des siéges-inclinés
τάπησί τε πορφυρέοισιν·	et *sur* des tapis de-pourpre;
αἶψα δὲ προσεφώνεε	et sur-le-champ il s'adressa
Πάτροκλον ἐόντα ἐγγύς·	à Patrocle étant près :
« Καθίστα δὴ	« Sers-*nous* certes
κρητῆρα μείζονα,	un cratère plus grand,
υἱὲ Μενοιτίου·	fils de Ménétius;
χέραιε δὲ ζωρότερον,	et verse un *vin* plus fort,
ἔντυνον δὲ δέπας ἑκάστῳ.	et apprête une coupe à chacun.
Οἱ γὰρ ἄνδρες φίλτατοι	Car les hommes les plus aimés
ὑπέασιν ἐμῷ μελάθρῳ. »	sont-sous mon toit. »
Φάτο ὥς·	Il parla ainsi;
Πάτροκλος δὲ ἐπεπείθετο	et Patrocle obéit
φίλῳ ἑταίρῳ.	à *son* cher compagnon.
Αὐτὰρ ὅγε κάββαλε	Alors celui-ci disposa
κρεῖον	une table-à-recevoir-les-viandes
μέγα	grande
ἐν αὐγῇ πυρὸς,	à la lueur du feu,
ἐνέθηκε δὲ ἄρα	et plaça-dessus certes
νῶτον δῖος	le dos d'une brebis
καὶ αἰγὸς πίονος,	et d'une chèvre grasse,
ἐν δὲ ῥάχιν	et y *mit* les reins
τεθαλυῖαν ἀλοιφῇ	florissants de graisse
συὸς σιάλοιο.	d'un porc engraissé

Τῷ δ' ἔχεν Αὐτομέδων, τάμνεν δ' ἄρα δῖος Ἀχιλλεύς·
καὶ τὰ μὲν εὖ μίστυλλε, καὶ ἀμφ' ὀβελοῖσιν ἔπειρε·   210
πῦρ δὲ Μενοιτιάδης δαῖεν μέγα, ἰσόθεος φώς.
Αὐτὰρ ἐπεὶ κατὰ πῦρ ἐκάη, καὶ φλὸξ ἐμαράνθη ¹,
ἀνθρακιὴν στορέσας, ὀβελοὺς ἐφύπερθε τάνυσσε·
πάσσε δ' ἁλὸς θείοιο, κρατευτάων ἐπαείρας.
Αὐτὰρ ἐπεί ῥ' ὤπτησε, καὶ εἰν ἐλεοῖσιν ἔχευε,   215
Πάτροκλος μὲν σῖτον ἑλὼν ἐπένειμε τραπέζῃ,
καλοῖς ἐν κανέοισιν· ἀτὰρ κρέα νεῖμεν Ἀχιλλεύς.
Αὐτὸς δ' ἀντίον ἷζεν Ὀδυσσῆος θείοιο,
τοίχου τοῦ ἑτέροιο· θεοῖσι δὲ θῦσαι ἀνώγει
Πάτροκλον, ὃν ἑταῖρον· ὁ δ' ἐν πυρὶ βάλλε θυηλάς.   220
Οἱ δ' ἐπ' ὀνείαθ' ἑτοῖμα προκείμενα χεῖρας ἴαλλον.
Αὐτὰρ ἐπεὶ πόσιος καὶ ἐδητύος ἐξ ἔρον ἔντο,
νεῦσ' Αἴας Φοίνικι· νόησε δὲ δῖος Ὀδυσσεύς·
πλησάμενος δ' οἴνοιο δέπας, δείδεκτ' Ἀχιλῆα·
   « Χαῖρ', Ἀχιλεῦ· δαιτὸς μὲν ἐΐσης οὐκ ἐπιδευεῖς,   225

tient les viandes, pendant que le divin Achille les découpe et en sé-
pare adroitement les morceaux qu'il perce avec des broches. Le fils
de Ménétius, mortel égal aux dieux, allume un grand feu. Puis quand
le feu commence à s'éteindre et la flamme à languir, il étale la braise
et place les broches au-dessus. Enfin il répand le sel sacré sur les
viandes qu'il a élevées sur des supports. Quand les viandes sont rô-
ties et servies sur les tables, Patrocle prend le pain et le distribue aux
convives dans de belles corbeilles. Achille partage les viandes, assis
en face du divin Ulysse, de l'autre côté de la tente. Il ordonne à Patrocle, son ami, de sacrifier aux dieux, et Patrocle jette au feu les prémices du festin. Alors les convives portent la main aux aliments qui
sont servis devant eux. Quand ils ont apaisé leur soif et leur faim,
Ajax fait signe à Phénix : le divin Ulysse a compris, et remplissant de
vin sa coupe, il boit à Achille :

   « Salut, Achille ! Les plaisirs de la table ne nous font faute ni dans

Αὐτομέδων δὲ	Or Automédon
ἔχε τῷ,	tenait *les viandes* à lui,
δῖος δὲ ἄρα Ἀχιλλεὺς τέμνε·	et donc le divin Achille coupait ;
καὶ μίστυλλε τὰ μὲν εὖ,	et il divisait elles bien,
καὶ ἀμφέπειρεν ὀβελοῖσι·	et *les* transperçait de broches ;
Μενοιτιάδης δὲ, φὼς ἰσόθεος,	et le fils-de-Ménétius, mortel divin,
δαῖε πῦρ μέγα.	allumait un feu grand.
Αὐτὰρ ἐπεὶ πῦρ κατεκάη,	Or après que le feu fut consumé,
καὶ φλὸξ ἐμαράνθη,	et *que* la flamme languit,
στορέσας ἀνθρακιήν,	ayant étalé le charbon,
τάνυσσεν ὀβελοὺς ἐφύπερθε·	il étendit les broches par-dessus ;
πάσσε δὲ ἁλὸς θείοιο,	et il *les* saupoudra de sel divin,
ἐπαείρας κρατευτάων.	*les* élevant-sur des appuis.
Αὐτὰρ ἐπεί ῥα ὤπτησε,	Mais après-que déjà il eut cuit,
καὶ ἔχευεν	et *qu'*il eût versé *les viandes*
εἰν ἐλεοῖσι,	sur des tables-de-cuisine,
Πάτροκλος μὲν ἑλὼν σῖτον	alors Patrocle ayant pris le pain
ἐπένειμε τραπέζῃ	*le* distribua-sur la table
ἐν κανέοισι καλοῖς·	dans des corbeilles belles ;
ἀτὰρ Ἀχιλλεὺς νεῖμε κρέα.	puis Achille distribua les viandes.
Αὐτὸς δὲ ἷζεν	Et lui-même était-assis
ἀντίον Ὀδυσσῆος θείοιο,	en-face d'Ulysse divin,
τοῦ ἑτέροιο τοίχου·	à l'autre paroi *de la tente*;
ἀνώγει δὲ Πάτροκλον	et il ordonnait à Patrocle
ὃν ἑταῖρον	son compagnon
θῦσαι θεοῖσιν·	de sacrifier aux dieux ;
ὁ δὲ βάλλε θυηλὰς	celui-ci jetait les prémices
ἐν πυρί.	dans le feu.
Οἱ δὲ ἴαλλον χεῖρας	Ceux-ci tendaient les mains
ἐπὶ ὀνείατα	vers les mets
προκείμενα ἑτοῖμα.	servis-devant *eux* tout-prêts.
Αὐτὰρ ἐπεὶ ἔξεντο	Mais lorsqu'ils eurent chassé
ἔρον πόσιος καὶ ἐδητύος,	le désir de la boisson et des aliments,
Αἴας νεῦσε Φοίνικι.	Ajax fit-signe à Phénix.
Ὀδυσσεὺς δὲ δῖος νόησε·	Et Ulysse divin comprit ;
πλησάμενος δὲ δέπας οἴνοιο,	et ayant rempli une coupe de vin,
δείδεκτο Ἀχιλῆα·	il accueillit-*avec-sa-coupe* Achille :
« Χαῖρε, Ἀχιλεῦ·	« Salut, Achille !
οὐκ ἐπιδευεῖς μὲν	*nous* ne *sommes* certes pas manquant
δαιτὸς ἐΐσης,	de repas également-partagés,

ἠμὲν ἐνὶ κλισίῃ Ἀγαμέμνονος Ἀτρεΐδαο,
ἠδὲ καὶ ἐνθάδε νῦν· πάρα γὰρ μενοεικέα πολλὰ
δαίνυσθ'. Ἀλλ' οὐ δαιτὸς ἐπηράτου ἔργα μέμηλεν·
ἀλλὰ λίην μέγα πῆμα, Διοτρεφὲς, εἰσορόωντες,
δείδιμεν· ἐν δοιῇ δὲ, σαωσέμεν ἢ ἀπολέσθαι   230
νῆας ἐϋσσέλμους, εἰ μὴ σύγε δύσεαι ἀλκήν.
Ἐγγὺς γὰρ νηῶν καὶ τείχεος αὖλιν ἔθεντο
Τρῶες ὑπέρθυμοι, τηλεκλητοί τ' ἐπίκουροι,
κηάμενοι πυρὰ πολλὰ κατὰ στρατὸν, οὐδ' ἔτι φασὶ
σχήσεσθ', ἀλλ' ἐν νηυσὶ μελαίνῃσιν πεσέεσθαι.   235
Ζεὺς δέ σφι Κρονίδης ἐνδέξια σήματα φαίνων
ἀστράπτει· Ἕκτωρ δὲ μέγα σθένεϊ βλεμεαίνων
μαίνεται ἐκπάγλως, πίσυνος Διΐ, οὐδέ τι τίει
ἀνέρας οὐδὲ θεοὺς, κρατερὴ δέ ἑ λύσσα δέδυκεν.
Ἀρᾶται δὲ τάχιστα φανήμεναι Ἠῶ δῖαν·   240
στεῦται γὰρ νηῶν ἀποκόψειν ἄκρα κόρυμβα [1],

la tente d'Agamemnon, fils d'Atrée, ni dans la tienne aujourd'hui : nous avons en abondance les plus succulents morceaux. Mais ce ne sont pas les intérêts de la table qui nous préoccupent ; c'est la crainte d'une grande calamité qui nous fait trembler, ô fils de Jupiter ! Le salut ou la perte de nos vaisseaux pourvus de bonnes rames est maintenant en question, si tu nous refuses l'appui de ta valeur. Déjà les superbes Troyens et leurs alliés venus à leur appel, ont établi leur camp non loin des navires et de la muraille : ils ont allumé de grands feux dans leur armée, et ils disent que nous ne pourrons plus résister, mais que nous succomberons sur nos vaisseaux aux flancs sombres. Jupiter, fils de Saturne, leur donne d'heureux présages et fait luire son éclair à leur droite. Hector, terrible et menaçant, exerce ses fureurs, et, fort de la protection de Jupiter, il ne respecte ni les hommes ni les dieux : sa rage est indomptable. Il hâte de ses vœux le retour de la divine aurore, et il se flatte d'abattre les poupes de nos navires, de

ἠμὲν ἐνὶ κλισίη	et dans la tente
Ἀγαμέμνονος Ἀτρείδαο,	d'Agamemnon fils-d'Atrée,
ἠδὲ καὶ ἐνθάδε νῦν ·	et aussi ici maintenant :
πολλὰ γὰρ	car beaucoup de *mets*
μενοεικέα	réjouissant-le-cœur (abondants)
πάρα δαίνυσθαι ·	sont *à nous* à partager-à-table ;
ἀλλὰ ἔργα δαιτὸς ἐπηράτου	mais les affaires d'un repas aimable
οὐ μέμηλεν ·	ne *nous* inquiètent pas ;
ἀλλά, Διοτρεφὲς,	mais, nourrisson-de-Jupiter,
εἰσορόωντες δείδιμεν	regardant nous craignons
πῆμα λίην μέγα ·	un désastre excessivement grand ;
ἐν δοιῇ δὲ	et *il est* dans le doute
σαωσέμεν ἢ ἀπολέσθαι	*nous* devoir sauver ou perdre
νῆας ἐϋσσέλμους,	*nos* vaisseaux aux-belles-rames,
εἰ σύγε	si toi-du-moins
μὴ δύσεαι ἀλκήν.	tu ne revêts pas *ta* force.
Τρῶες γὰρ ὑπέρθυμοι	Car les Troyens au-grand-cœur
ἐπίκουροί τε τηλέκλητοι	et *leurs* auxiliaires appelés-de-loin
ἔθεντο αὖλιν	ont placé *leur* camp
ἐγγὺς νηῶν καὶ τείχεος,	près des vaisseaux et du mur,
καιόμενοι πυρὰ πολλὰ	ayant allumé des feux nombreux
κατὰ στρατόν,	à travers l'armée,
φασὶ δὲ	et ils disent
οὐκ ἔτι σχήσεσθαι,	*nous* ne devoir plus résister,
ἀλλὰ πεσέεσθαι	mais devoir-succomber
ἐν νηυσὶ μελαίνῃσι.	sur les vaisseaux noirs.
Ζεὺς δὲ Κρονίδης	Or Jupiter fils-de-Saturne
φαίνων σφι σήματα ἐνδέξια	montrant à eux des signes à-droite
ἀστράπτει ·	fait-luire-l'éclair ;
Ἕκτωρ δὲ βλεμεαίνων μέγα	et Hector sévissant grandement
σθένεϊ	par la force
μαίνεται ἐκπάγλως,	est-furieux terriblement,
πίσυνος Διΐ,	confiant dans Jupiter,
οὐδὲ τίει τι	et il n'honore en rien
ἀνέρας οὐδὲ θεούς ·	les hommes ni les dieux ;
λύσσα δὲ κρατερὴ δέδυκέν ἑ.	et une rage puissante a pénétré lui.
Ἀρᾶται δὲ Ἠῶ δῖαν	Or il prie l'Aurore divine
φανήμεναι τάχιστα ·	de paraître le-plus-tôt-possible :
στεῦται γὰρ ἀποκόψειν	car il se promet de couper
κόρυμβα ἄκρα νηῶν,	les poupes extrêmes des vaisseaux,

αὐτάς τ' ἐμπρήσειν μαλεροῦ πυρός, αὐτὰρ Ἀχαιοὺς
δηιώσειν παρὰ τῇσιν, ὀρινομένους ὑπὸ καπνοῦ.
Ταῦτ' αἰνῶς δείδοικα κατὰ φρένα, μή οἱ ἀπειλὰς
ἐκτελέσωσι θεοὶ, ἡμῖν δὲ δὴ αἴσιμον εἴη   245
φθίσθαι ἐνὶ Τροίῃ, ἑκὰς Ἄργεος ἱπποβότοιο.
Ἀλλ' ἄνα, εἰ μέμονάς γε, καὶ ὀψέ περ, υἷας Ἀχαιῶν
τειρομένους ἐρύεσθαι ὑπὸ Τρώων ὀρυμαγδοῦ.
Αὐτῷ τοι μετόπισθ' ἄχος ἔσσεται· οὐδέ τι μῆχος
ῥεχθέντος κακοῦ ἔστ' ἄκος εὑρεῖν· ἀλλὰ πολὺ πρὶν   250
φράζευ ὅπως Δαναοῖσιν ἀλεξήσεις κακὸν ἦμαρ.
Ὦ πέπον! ἦ μὲν σοίγε πατὴρ ἐπετέλλετο Πηλεὺς
ἤματι τῷ ὅτε σ' ἐκ Φθίης Ἀγαμέμνονι πέμπε·
« Τέκνον ἐμὸν, κάρτος μὲν Ἀθηναίη τε καὶ Ἥρη
δώσουσ', αἴ κ' ἐθέλωσι· σὺ δὲ μεγαλήτορα θυμὸν   255
ἴσχειν ἐν στήθεσσι (φιλοφροσύνη γὰρ ἀμείνων),
ληγέμεναι δ' ἔριδος κακομηχάνου, ὄφρα σε μᾶλλον

livrer la flotte aux fureurs de l'incendie, et de massacrer les Grecs éperdus au milieu des débris et de la fumée. Je tremble que les dieux n'accomplissent ses menaces, et que notre destin ne soit de périr sur la terre de Troie, loin d'Argos, qui nourrit des coursiers. Lève-toi donc, si tu consens enfin à venger les fils des Grecs en repoussant l'effort des Troyens! Plus tard, il ne te resterait plus que d'inutiles regrets : quand le malheur est accompli, il est irréparable. Songe donc dès aujourd'hui à prévenir la perte des Grecs. Ami, le jour que Pélée, ton père, t'envoya de Phthie vers Agamemnon, il te disait : « Mon fils, Minerve et Junon te donneront bien la vaillance, si elles veulent ; mais toi, tâche de maîtriser la fierté de ton cœur : la bienveillance est toujours préférable. Garde-toi de la discorde, qui est une source de

ἐμπρήσειν τε αὐτὰς	et d'incendier eux
πυρὸς μαλεροῦ ·	par le feu violent ;
αὐτὰρ δηώσειν	et puis de massacrer
παρὰ τῇσιν	près d'eux (des vaisseaux)
Ἀχαιοὺς ὀρινομένους ὑπὸ καπνοῦ.	les Achéens pressés par la fumée.
Δείδοιχα ταῦτα	Je crains ces choses
αἰνῶς κατὰ φρένα,	terriblement dans *mon* esprit,
μὴ θεοὶ	que les dieux
ἐκτελέσωσίν οἱ ἀπειλὰς,	n'accomplissent à lui *ses* menaces,
εἴη δὲ δὴ αἴσιμον ἡμῖν ·	et qu'il ne soit réservé à nous
φθίσθαι ἐνὶ Τροίῃ	de périr à Troie
ἑκὰς Ἄργεος ἱπποβότοιο.	loin d'Argos qui-nourrit-des-chevaux
Ἀλλὰ ἄνα,	Mais lève-toi,
εἰ μέμονάς γε,	si tu désires du-moins,
καὶ ὀψέ περ,	même quoique tard,
ἐρύεσθαι υἷας Ἀχαιῶν	délivrer les fils des Achéens
τειρομένους	étant accablés
ὑπὸ ὀρυμαγδοῦ Τρώων.	par la mêlée des Troyens.
Ἄχος ἔσσεταί τοι αὐτῷ	La douleur sera à toi-même
μετόπισθεν ·	dans-la-suite ;
οὐδέ τι μῆχος ἔστιν	et aucun moyen n'est
εὑρεῖν ἄχος	de trouver un remède
κακοῦ ῥεχθέντος ·	au mal *une fois* fait ;
ἀλλὰ φράζευ πολὺ πρὶν,	mais réfléchis beaucoup auparavant,
ὅπως ἀλεξήσεις	comment tu repousseras
ἦμαρ κακὸν Δαναοῖσιν.	le jour fatal pour les Danaens.
Ὦ πέπον !	O doux *ami !*
ἦ μὲν Πηλεὺς πατὴρ	certes à la vérité Pélée *ton* père
ἐπετέλλετο σοίγε	recommandait à toi-du-moins
τῷ ἤματι ὅτε πέμπε σε	dans ce jour où il envoyait toi
ἐκ Φθίης Ἀγαμέμνονι ·	de Phthie à Agamemnon :
« Ἐμὸν τέκνον,	« Mon enfant,
Ἀθηναίη τε καὶ Ἥρη	et Minerve et Junon
δώσουσι μὲν κάρτος,	*le* donneront à la vérité la force,
αἱ κεν ἐθέλωσι ·	si toutefois elles *le* veulent ;
σὺ δὲ ἴσχειν	mais toi *tâche* de contenir
θυμὸν μεγαλήτορα ἐν στήθεσσι	*ton* cœur superbe dans *ta* poitrine
(φιλοφροσύνη γὰρ ἀμείνων),	(car la bienveillance *est* meilleure).
ληγέμεναι δὲ	et *veuille* cesser (t'abstenir)
ἔριδος κακομηχάνου,	de querelle pernicieuse,

τίωσ' Ἀργείων ἠμὲν νέοι ἠδὲ γέροντες. »

Ὣς ἐπέτελλ' ὁ γέρων· σὺ δὲ λήθεαι. Ἀλλ' ἔτι καὶ νῦν

παύε', ἐκ δὲ χόλον θυμαλγέα. Σοὶ δ' Ἀγαμέμνων   260

ἄξια δῶρα δίδωσι, μεταλλήξαντι χόλοιο.

Εἰ δὲ σὺ μέν μευ ἄκουσον, ἐγὼ δὲ κέ τοι καταλέξω

ὅσσα τοι ἐν κλισίῃσιν ὑπέσχετο δῶρ' Ἀγαμέμνων·

ἕπτ' ἀπύρους τρίποδας, δέκα δὲ χρυσοῖο τάλαντα,

αἴθωνας δὲ λέβητας ἐείκοσι, δώδεκα δ' ἵππους   265

πηγοὺς, ἀθλοφόρους, οἳ ἀέθλια ποσσὶν ἄροντο.

Οὔ κεν ἀλήϊος εἴη ἀνὴρ ᾧ τόσσα γένοιτο,

οὐδέ κεν ἀκτήμων ἐριτίμοιο χρυσοῖο,

ὅσσ' Ἀγαμέμνονος ἵπποι ἀέθλια ποσσὶν ἄροντο.

Δώσει δ' ἑπτὰ γυναῖκας, ἀμύμονα ἔργ' εἰδυίας,   270

Λεσβίδας, ἃς, ὅτε Λέσβον ἐϋκτιμένην ἕλες αὐτὸς,

ἐξέλεθ', αἳ τότε κάλλει ἐνίκων φῦλα γυναικῶν.

malheurs, afin que les Grecs, jeunes et vieux, t'estiment davantage. »
Ainsi te parlait ton vieux père; mais tu l'as oublié. Eh bien, il est encore temps : apaise ton cœur, et oublie ton funeste ressentiment.
Écoute-moi donc ; je veux te redire tous les trésors qu'Agamemnon
te tient en réserve dans sa tente. Il te promet sept trépieds, qui n'ont
pas encore été au feu ; dix talents d'or ; vingt bassins brillants ; douze
valeureux coursiers, qui remportèrent des prix à la course. Un homme
serait riche et regorgerait d'or précieux, s'il avait seulement tous les
prix qu'ont remporté pour lui ces coursiers aux pieds rapides. Il y
ajoutera sept femmes de Lesbos, habiles dans de savants ouvrages, et
qu'il a choisies pour sa part du butin fait à Lesbos, quand tu pris toi-
même cette ville aux belles murailles : elles effacent toutes les autres

ὄφρα ἠμὲν νέοι ἠδὲ γέροντες	afin que et jeunes et vieux
Ἀργείων	des Argiens
τίωσί σε μᾶλλον. »	honorent toi davantage. »
Ὁ γέρων ἐπέτελλεν ὣς ·	Le vieillard te conseillait ainsi ;
σὺ δὲ λήθεαι.	et toi tu l'oublies.
Ἀλλὰ ἔτι καὶ νῦν	Mais encore même maintenant
παύεο,	mets-un-terme à ta fureur,
ἔα δὲ χόλον θυμαλγέα.	et laisse ta colère triste-au-cœur.
Ἀγαμέμνων δὲ δίδωσι	Or Agamemnon donne
δῶρα ἄξια	des présents dignes de toi
σοὶ μεταλλήξαντι χόλοιο.	à toi ayant quitté ta colère.
Εἰ δὲ,	Eh bien ! si tu le veux,
σὺ μὲν ἄκουσόν μευ,	et toi écoute moi,
ἐγὼ δέ κε καταλέξω τοι	et moi, j'énumérerai à toi
ὅσσα δῶρα	combien de présents
Ἀγαμέμνων ὑπέσχετό τοι	Agamemnon a promis à toi
ἐν κλισίῃσιν ·	dans ses tentes :
ἑπτὰ τρίποδας ἀπύρους,	sept trépieds qui-n'ont-pas-vu-le-feu,
δέκα δὲ τάλαντα χρυσοῖο,	et dix talents d'or,
ἐείκοσι δὲ λέβητας αἴθωνας,	et vingt bassins brillants,
δώδεκα δὲ ἵππους	et douze chevaux
πηγοὺς, ἀθλοφόρους,	robustes, vainqueurs,
οἳ ἄροντο ἀέθλια	qui ont remporté des prix
ποσσίν.	avec leurs pieds (à la course).
Ἀνὴρ οὔ κεν εἴη ἀλήϊος,	Un homme ne serait pas sans-butin,
οὐδέ κεν ἀκτήμων	ni certes sans-possession
χρυσοῖο ἐριτίμοιο,	d'or très-précieux,
ᾧ γένοιτο	à qui seraient arrivés
τόσσα	autant de biens
ὅσσα ἵπποι Ἀγαμέμνονος	que les chevaux d'Agamemnon
ἄροντο ἀέθλια ποσσίν.	ont remporté de prix avec leurs
Δώσει δὲ ἑπτὰ γυναῖκας,	Et il te donnera sept femmes, [pieds.
εἰδυίας ἔργα ἀμύμονα,	sachant des ouvrages irréprochables,
Λεσβίδας,	Lesbiennes,
ἃς ἐξέλετο,	lesquelles il s'est choisies,
ὅτε αὐτὸς ἕλες	lorsque toi-même tu as pris
Λέσβον ἐϋκτιμένην,	Lesbos bien-bâtie,
αἳ τότε	lesquelles alors
ἐνίκων κάλλει	surpassaient par la beauté
φῦλα γυναικῶν.	les races des femmes.

Τὰς μέν τοι δώσει· μετὰ δ' ἔσσεται, ἣν τότ' ἀπηύρα
κούρην Βρισῆος· καὶ ἐπὶ μέγαν ὅρκον ὀμεῖται,
μήποτε τῆς εὐνῆς ἐπιβήμεναι ἠδὲ μιγῆναι,   275
ᾗ θέμις ἐστὶν, ἄναξ, ἤτ' ἀνδρῶν ἤτε γυναικῶν.
Ταῦτα μὲν αὐτίκα πάντα παρέσσεται· εἰ δὲ μὲν αὖτε
ἄστυ μέγα Πριάμοιο θεοὶ δώωσ' ἀλαπάξαι,
νῆα ἅλις χρυσοῦ καὶ χαλκοῦ νηήσασθαι,
εἰσελθὼν, ὅτε κεν δατεώμεθα ληΐδ' Ἀχαιοί.   280
Τρωϊάδας δὲ γυναῖκας ἐείκοσιν αὐτὸς ἑλέσθαι,
αἵ κε μετ' Ἀργείην Ἑλένην κάλλισται ἔωσιν.
Εἰ δέ κεν Ἄργος ἱκοίμεθ' Ἀχαιϊκὸν, οὖθαρ ἀρούρης,
γαμβρός κέν οἱ ἔοις· τίσει δέ σε ἶσον Ὀρέστῃ,
ὅς οἱ τηλύγετος τρέφεται θαλίῃ ἔνι πολλῇ.   285
Τρεῖς δέ οἵ εἰσι θύγατρες ἐνὶ μεγάρῳ εὐπήκτῳ,
Χρυσόθεμις καὶ Λαοδίκη καὶ Ἰφιάνασσα·
τάων ἥν κ' ἐθέλησθα, φίλην ἀνάεδνον ἄγεσθαι

femmes en beauté. Il te les donnera, et parmi elles se trouvera celle
qu'il t'a ravie, la fille de Brisès. Il jure par le plus grand des serments
qu'il n'a jamais partagé sa couche, et ne s'est jamais uni à elle par
les liens que les lois humaines consacrent entre l'homme et la femme.
Tels sont les trésors qu'il te tient tout prêts; et si les dieux nous
donnent de renverser la grande ville de Priam, tu pourras charger
pour toi un vaisseau d'or et d'airain, lorsque les Grecs se partageront
le butin entre eux. Tu choisiras aussi vingt femmes Troyennes, les
plus belles après Hélène; et si jamais nous retournons dans les plaines fertiles de l'Achaïe, dans la ville d'Argos, tu seras son gendre : il
te réserve la même affection qu'à son cher Oreste, son dernier-né,
qu'il fait élever au sein de l'abondance. Il a trois filles dans son superbe palais, Chrysothémis, Laodice et Iphianasse. Tu épouseras celle
qu'il te plaira, sans lui faire de cadeaux de noce, et tu l'emmèneras
dans la demeure de Pélée. Il lui donnera même une dot magnifique,

Δώσει μὲν τάς τοι,	Il donnera certes elles à toi,
μετὰ δὲ ἔσσεται,	et parmi *elles* sera *celle*
ἣν ἀπηύρα τότε	qu'il *l*'a ravie alors
κούρην Βρισῆος ·	la jeune-fille de Brisès :
καὶ ἐπομεῖται ὅρκον μέγαν	et il jurera-dessus un serment grand
μήποτε ἐπιβήμεναι	n'être jamais monté-sur
τῆς εὐνῆς	la couche *de Briséis*
ἠδὲ μιγῆναι,	et *ne* s'être *pas* uni *à elle,*
ἥ ἐστὶ θέμις, ἄναξ,	comme *c*'est le droit, prince,
ἥτε ἀνδρῶν ἥτε γυναικῶν.	et des hommes et des femmes.
Πάντα μὲν ταῦτα	Toutes ces choses à la vérité
παρέσσεται αὐτίκα ·	seront-devant *toi* sur-le-champ ;
εἰ δὲ μὲν αὖτε	et si certes en-retour
θεοί κε δώωσιν ἀλαπάξαι	les dieux *nous* donnent de détruire
ἄστυ μέγα Πριάμοιο,	la ville grande de Priam,
εἰσελθὼν,	étant entré-dedans,
νηήσασθαι νῆα	*tu pourras* te charger un vaisseau
ἅλις χρυσοῦ καὶ χαλκοῦ,	abondamment d'or et d'airain,
ὅτε Ἀχαιοὶ	lorsque *nous autres* Achéens
δατεώμεθά κε ληΐδα.	nous nous partagerons le butin.
Αὐτὸς δὲ ἑλέσθαι	*Toi*-même *tu pourras* prendre
ἐείκοσι γυναῖκας Τρωιάδας,	vingt femmes Troyennes,
αἵ κεν ἔωσι κάλλισται	qui soient les plus belles
μετὰ Ἑλένην Ἀργείην.	après Hélène l'Argienne.
Εἰ δέ κεν ἱκοίμεθα	Et si nous arrivons
Ἄργος Ἀχαιϊκὸν,	à Argos *ville* Achéenne,
οὖθαρ ἀρούρης,	mamelle de la terre (terre fertile),
ἔοις κε γαμβρός οἱ ·	tu serais gendre à lui ;
τίσει δέ σε ἶσον Ὀρέστῃ,	et il honorera toi à l'égal d'Oreste,
ὃς τρέφεται	qui est élevé
τηλύγετός οἱ	dernier-né à lui
ἐνὶ θαλίῃ πολλῇ.	dans une opulence abondante.
Τρεῖς δὲ θύγατρές εἰσίν οἱ	Or trois filles sont à lui
ἐνὶ μεγάρῳ εὐπήκτῳ,	dans *son* palais bien-bâti,
Χρυσόθεμις καὶ Λαοδίκη	Chrysothémis et Laodice
καὶ Ἰφιάνασσα ·	et Iphianasse ;
τάων ἄγεσθαι φίλην	desquelles *tu peux* emmener tienne
ἀνάεδνον	sans-présents-de-noce
πρὸς οἶκον Πηλῆος	vers la maison de Pélée
ἣν κεν ἐθέλῃσθα ·	celle que tu voudras ;

πρὸς οἶκον Πηλῆος· ὁ δ' αὖτ' ἐπὶ μείλια δώσει
πολλὰ μάλ', ὅσσ' οὔπω τις ἑῇ ἐπέδωκε θυγατρί.　　　290
Ἑπτὰ δέ τοι δώσει εὐναιόμενα πτολίεθρα,
Καρδαμύλην, Ἐνόπην τε καὶ Ἱρὴν ποιήεσσαν,
Φηράς τε ζαθέας ἠδ' Ἄνθειαν βαθύλειμον,
χαλήν τ' Αἴπειαν καὶ Πήδασον ἀμπελόεσσαν.
Πᾶσαι δ' ἐγγὺς ἁλός, νέαται Πύλου ἠμαθόεντος·　　295
ἐν δ' ἄνδρες ναίουσι πολύῤῥηνες, πολυβοῦται,
οἵ κέ σε δωτίνῃσι, θεὸν ὣς, τιμήσουσι,
καί τοι ὑπὸ σκήπτρῳ λιπαρὰς τελέουσι θέμιστας.
Ταῦτά κέ τοι τελέσειε, μεταλλήξαντι χόλοιο.
Εἰ δέ τοι Ἀτρείδης μὲν ἀπήχθετο κηρόθι μᾶλλον,　　300
αὐτὸς καὶ τοῦ δῶρα· σὺ δ' ἄλλους περ Παναχαιοὺς
τειρομένους ἐλέαιρε κατὰ στρατόν, οἵ σε, θεὸν ὣς,
τίσουσ'· ἦ γάρ κέ σφι μάλα μέγα κῦδος ἄροιο.
Νῦν γάρ χ' Ἕκτορ' ἕλοις, ἐπεὶ ἂν μάλα τοι σχεδὸν ἔλθοι,

et telle qu'aucun père n'en donna jamais à sa fille. Il te cèdera sept populeuses cités, Cardamylé, Énopé, la verdoyante Iré, la divine Phères, Anthéa aux fertiles prairies, la belle Épéa, et Pédase aux vignes fécondes, toutes près de la mer et voisines de la sablonneuse Pylos. Elles sont habitées par des hommes riches en troupeaux de bœufs et de brebis, qui t'honoreront à l'égal d'un dieu, te combleront de présents, et, soumis à ton sceptre, te paieront de riches tributs. Voilà ce qu'il fera pour toi, si tu veux oublier ta colère. Mais si le fils d'Atrée et ses présents te sont trop odieux, aie pitié du moins de tous les autres Grecs, qui se consument dans le camp, et ils t'honoreront comme un dieu. Tu pourrais à leurs yeux te couvrir de gloire en immolant Hector, qui, emporté par sa rage aveugle, vient t'affronter de si près,

ὁ δὲ αὖτε	et lui (Agamemnon) en-retour
ἐπιδώσει	*te* donnera-en-outre
μείλια μάλα πολλά,	des présents très nombreux,
ὅσσα οὔτις πω	autant-que aucun encore
ἐπέδωκεν ἑῇ θυγατρί.	n'*en* a donné à sa fille.
Δώσει δέ τοι	Or il donnera à toi
ἑπτὰ πτολίεθρα εὐναιόμενα,	sept villes bien-habitées,
Καρδαμύλην,	Cardamylé,
Ἐνόπην τε	et Enopé
καὶ Ἱρὴν ποιήεσσαν	et Iré verdoyante
Φηράς τε ζαθέας	et Phères très-divine
ἠδὲ Ἄνθειαν βαθύλειμον	et Anthéa aux-profondes-prairies
Αἴπειάν τε καλὴν	et Epéa la belle
καὶ Πήδασον ἀμπελόεσσαν	et Pédase abondante-en-vignes.
Πᾶσαι δὲ ἐγγὺς ἁλὸς,	Or toutes *sont* près de la mer,
νέαται	les dernières *du côté*
Πύλου ἠμαθόεντος·	de Pylos sablonneuse;
ἄνδρες δὲ πολύρρηνες,	et des hommes riches-en-agneaux,
πολυβοῦται,	riches-en-bœufs,
ἐνναίουσιν,	habitent-dedans,
οἵ κε τιμήσουσί σε δωτίνῃσιν	lesquels honoreront toi d'offrandes
ὡς θεὸν,	comme un dieu,
καὶ τελέουσί τοι ὑπὸ σκήπτρῳ	et paieront à toi sous le sceptre
θέμιστας λιπαράς.	des droits (tributs) magnifiques.
Τελέσειέ κε ταῦτά	Il paierait ces-choses
τοι μεταλλήξαντι χόλοιο.	à toi ayant renoncé à *ta* colère.
Εἰ δὲ Ἀτρείδης μὲν	Mais si le fils-d'Atrée à la vérité
ἀπήχθετό τοι	était-odieux à toi
μᾶλλον κηρόθι,	davantage dans *ton* cœur,
αὐτὸς καὶ δῶρα τοῦ·	lui-même et les présents de lui;
σὺ δὲ ἐλέαιρέ περ	alors toi, aie pitié pourtant
ἄλλους Παναχαιοὺς	des autres Achéens
τειρομένους κατὰ στρατόν,	accablés dans l'armée,
οἳ τίσουσί σε	lesquels honoreront toi
ὡς θεόν·	comme un dieu;
ἢ γάρ κεν ἄροιό σφι	car certes tu remporterais près-d'eux
κῦδος μάλα μέγα.	une gloire très grande.
Νῦν γὰρ ἕλοις κεν Ἕκτορα,	Car maintenant tu prendrais Hector
ἐπεὶ ἂν ἔλθοι	parce qu'il viendrait
μάλα σχεδόν τοι,	très près de toi,

λύσσαν ἔχων ὀλοήν· ἐπεὶ οὔτινά φησιν ὁμοῖον   305
οἳ ἔμεναι Δαναῶν, οὓς ἐνθάδε νῆες ἔνεικαν. »

Τὸν δ' ἀπαμειβόμενος προσέφη πόδας ὠκὺς Ἀχιλλεύς·
« Διογενὲς Λαερτιάδη, πολυμήχαν' Ὀδυσσεῦ,
χρὴ μὲν δὴ τὸν μῦθον ἀπηλεγέως ἀποειπεῖν,
ᾗπερ δὴ φρονέω τε καὶ ὡς τετελεσμένον ἔσται,   310
ὡς μή μοι τρύζητε παρήμενοι ἄλλοθεν ἄλλος·
ἐχθρὸς γάρ μοι κεῖνος ὁμῶς Ἀΐδαο πύλῃσιν
ὅς χ' ἕτερον μὲν κεύθῃ ἐνὶ φρεσίν, ἄλλο δὲ εἴπῃ.
Αὐτὰρ ἐγὼν ἐρέω ὥς μοι δοκεῖ εἶναι ἄριστα·
οὔτ' ἔμεγ' Ἀτρείδην Ἀγαμέμνονα πεισέμεν οἴω,   315
οὔτ' ἄλλους Δαναούς· ἐπεὶ οὐκ ἄρα τις χάρις ἦε
μάρνασθαι δηΐοισιν ἐπ' ἀνδράσι νωλεμὲς αἰεί.
Ἴση μοῖρα μένοντι καὶ εἰ μάλα τις πολεμίζοι·
ἐν δὲ ἰῇ τιμῇ ἠμὲν κακὸς ἠδὲ καὶ ἐσθλός·

et qui prétend n'avoir pas de rival parmi les Grecs amenés ici par nos navires ! »

Achille aux pieds légers lui répond : « Race de Jupiter, fils de Laërte, prudent Ulysse, il faut que je vous déclare ouvertement et ce que je pense, et ce qui doit certainement avoir lieu, afin que vous ne m'importuniez plus des instances dont vous m'assiégez de toutes parts ; car je hais à l'égal des portes de l'enfer celui qui parle autrement qu'il ne pense. Je vous parlerai donc comme je crois devoir le faire. Je ne pense pas que le fils d'Atrée, Agamemnon, ni les autres Grecs puissent me persuader. On ne vous sait aucun gré ici des éternels combats que vous soutenez contre l'ennemi : le même sort attend et celui qui reste en repos, et celui qui fait la guerre ; les mêmes honneurs sont réservés au lâche et au brave, et la même tombe reçoit l'homme oisif

ἔχων λύσσαν ὀλοήν ·	ayant une rage funeste ;
ἐπεί φησιν οὔτινα Δαναῶν	puisqu'il dit aucun des Grecs
ἔμεναι ὁμοῖον οἷ,	n'être égal à lui,
οὓς νῆες	de ceux que les vaisseaux
ἔνεικαν ἐνθάδε. »	ont apportés ici. •
Ἀχιλλεὺς δὲ	Mais Achille
ὠκὺς πόδας	rapide quant aux pieds
ἀπαμειβόμενος προσέφη τόν ·	répondant dit-à lui :
« Λαερτιάδη	« Fils-de-Laërte
Διογενὲς,	nourrisson-de-Jupiter,
Ὀδυσσεῦ πολυμήχανε ,	Ulysse fertile-en-expédients,
χρὴ μὲν δὴ	il faut à la vérité certes
ἀποειπεῖν τὸν μῦθον	énoncer le discours (dire)
ἀπηλεγέως ,	sans-ménagements,
ᾗπερ δὴ φρονέω τε	de quelle manière et je pense
καὶ ὡς ἔσται τετελεσμένον ·	et comment cela sera accompli ;
ὡς μὴ τρύζητε	afin que vous ne bourdonniez pas
παρήμενοί μοι	assis-près de moi
ἄλλος ἄλλοθεν.	l'un d'un côté, l'autre d'un autre.
Κεῖνος γὰρ ἐχθρός μοι	Car celui-là est odieux à moi
ὁμῶς πύλῃσιν Ἀΐδαο	à-l'égal des portes de Pluton
ὅς κε κεύθῃ μὲν	qui cacherait d'un côté
ἕτερον ἐνὶ φρεσὶν,	une chose dans son esprit,
εἴπῃ δὲ ἄλλο.	et en dirait une autre.
Αὐτὰρ ἐγὼν ἐρέω	Mais moi, je dirai
ὡς δοκεῖ μοι	comme il semble à moi
εἶναι ἄριστα ·	être le mieux :
οἴω	je pense
οὔτε Ἀγαμέμνονα Ἀτρείδην	ni Agamemnon fils-d'Atrée
οὔτε ἄλλους Δαναοὺς	ni les autres Grecs
πεισέμεν ἔμεγε ·	devoir persuader moi-du-moins :
ἐπεὶ ἄρα	puisque certes
οὔ τις χάρις	aucune reconnaissance
ἠὲ μάρνασθαι	ne fut pour moi de combattre
ἐπὶ ἀνδράσι δηΐοισι	contre des hommes ennemis
νωλεμὲς αἰεί.	incessamment toujours.
Μοῖρα ἴση μένοντι,	Un sort égal est à celui restant, [coup;
καὶ εἴ τις πολεμίζοι μάλα ·	et si quelqu'un fesait-la-guerre beau-
ἠμὲν δὲ κακὸς ἠδὲ καὶ ἐσθλὸς	mais et le lâche et aussi le brave
ἐν ἰῇ τιμῇ ·	sont en un-seul et même honneur :

κάτθαν' ὁμῶς ὅ τ' ἀεργὸς ἀνὴρ, ὅ τε πολλὰ ἐοργώς.   320
Οὐδέ τί μοι περίκειται, ἐπεὶ πάθον ἄλγεα θυμῷ,
αἰεὶ ἐμὴν ψυχὴν παραβαλλόμενος πολεμίζειν.
Ὡς δ' ὄρνις ἀπτῆσι νεοσσοῖσι προφέρῃσι
μάσταχ', ἐπεί κε λάβῃσι, κακῶς δ' ἄρα οἷ πέλει αὐτῇ·
ὣς καὶ ἐγὼ πολλὰς μὲν ἀΰπνους νύκτας ἴαυον,   325
ἤματα δ' αἱματόεντα διέπρησσον πολεμίζων,
ἀνδράσι μαρνάμενος ὀάρων ἕνεκα σφετεράων.
Δώδεκα δὴ σὺν νηυσὶ πόλεις ἀλάπαξ' ἀνθρώπων,
πεζὸς δ' ἕνδεκά φημι κατὰ Τροίην ἐρίβωλον·
τάων ἐκ πασέων κειμήλια πολλὰ καὶ ἐσθλὰ   330
ἐξελόμην, καὶ πάντα φέρων Ἀγαμέμνονι δόσκον
Ἀτρείδῃ· ὁ δ' ὄπισθε μένων παρὰ νηυσὶ θοῇσι,
δεξάμενος, διὰ παῦρα δασάσκετο, πολλὰ δ' ἔχεσκεν.
Ἄλλα δ' ἀριστήεσσι δίδου γέρα καὶ βασιλεῦσι·
τοῖσι μὲν ἔμπεδα κεῖται· ἐμεῦ δ' ἀπὸ μούνου Ἀχαιῶν   335

et celui dont la vie fut remplie par de grands travaux. Je n'ai rien de
plus que les autres pour avoir enduré tant de maux et pour avoir
toujours exposé ma vie aux périls de la guerre. Comme l'oiseau qui
va toujours chercher pour ses petits encore dépourvus de plumes la
nourriture dont il se prive lui-même, j'ai, moi aussi, passé bien des
nuits sans sommeil, et de sanglantes journées sur les champs de ba-
taille, à combattre pour vos épouses. J'ai ravagé douze villes avec
mes vaisseaux ; onze villes sur le fertile territoire d'Ilion ; j'ai re-
cueilli partout de grands et riches trésors : je portais tout, je donnais
tout à Agamemnon, fils d'Atrée. Et lui, restant à l'écart, près de nos
vaisseaux rapides, recevait le butin, en distribuait une faible part, et
gardait pour lui presque tout. Mais au moins il donnait aux chefs et
aux rois des récompenses dont ils jouissent encore ; tandis que, seul
de tous les Grecs, je me suis vu dépouiller par Agamemnon, qui m'a

ὅ τε ἀνὴρ ἀεργὸς	et l'homme ne-faisant-rien
ὅ τε ἐοργὼς πολλὰ	et celui ayant fait beaucoup
κάτθανεν ὁμῶς.	meurent également.
Οὐδέ τι περίκειταί μοι,	Et rien n'est-de-plus à moi,
ἐπεὶ πάθον	après que j'ai souffert
ἄλγεα θυμῷ,	des douleurs dans le cœur,
παραβαλλόμενος αἰεὶ ἐμὴν ψυχὴν	exposant toujours ma vie
πολεμίζειν.	pour combattre.
Ὡς δὲ ὄρνις προφέρῃσι	Or comme un oiseau apporte
μάστακα νεοσσοῖσιν ἀπτῆσιν,	la nourriture aux jeunes sans-plumes,
ἐπεί κε λάβῃσι,	après-que il l'a prise dans son bec,
πέλει δὲ ἄρα κακῶς	et certes il est mal (mal arrive)
οἱ αὐτῇ·	à lui même ;
ὣς καὶ ἐγὼ ἴαυον μὲν	ainsi moi aussi et je passais
νύκτας πολλὰς ἀΰπνους	des nuits nombreuses sans-sommeil,
διέπρησσον δὲ	et je consumais
ἤματα αἱματόεντα,	des journées sanglantes,
πολεμίζων	guerroyant
μαρνάμενος ἀνδράσιν	combattant des hommes
ἕνεκα σφετεράων ὀάρων.	à-cause-de vos femmes.
Ἀλάπαξα δὴ σὺν νηυσὶ	J'ai pillé certes avec mes navires
δώδεκα πόλεις ἀνθρώπων,	douze villes des hommes,
φημὶ δὲ ἕνδεκα	et je dis avoir pillé onze villes
πεζὸς	à pied (sur terre)
κατὰ Τροίην ἐρίβωλον·	sur le sol de Troie fertile ;
ἐκ τάων πασέων	desquelles toutes
ἐξελόμην κειμήλια	j'enlevai des trésors
πολλὰ καὶ ἐσθλὰ,	nombreux et précieux,
καὶ δόσκον φέρων πάντα	et les donnais les apportant tous
Ἀγαμέμνονι Ἀτρείδῃ·	à Agamemnon fils-d'Atrée ;
ὁ δὲ μένων ὄπισθε	mais lui, restant en-arrière
παρὰ νηυσὶ θοῇσι,	près des vaisseaux rapides,
δεξάμενος,	ayant reçu ces trésors,
διαδασάσκετο παῦρα,	il en distribuait peu,
ἔχεσκε δὲ πολλά.	et il en gardait beaucoup.
Δίδου δὲ ἄλλα γέρα	Mais il donnait les autres récompenses
ἀριστήεσσι καὶ βασιλεῦσι·	aux plus-vaillants et aux rois ;
κεῖται μὲν ἔμπεδα τοῖς·	elles restent assurées à eux ;
εἵλετο δὲ	mais il a pris-pour-lui la part
ἀπὸ ἐμεῦ μούνου Ἀχαιῶν	à moi seul des Achéens,

εἵλετ', ἔχει δ' ἄλοχον θυμαρέα· τῇ παριαύων
τερπέσθω. Τί δὲ δεῖ πολεμιζέμεναι Τρώεσσιν
Ἀργείους; τί δὲ λαὸν ἀνήγαγεν ἐνθάδ' ἀγείρας
Ἀτρείδης; ἦ οὐχ Ἑλένης ἕνεχ' ἠϋκόμοιο;
ἦ μοῦνοι φιλέουσ' ἀλόχους μερόπων ἀνθρώπων   340
Ἀτρεΐδαι [1]; ἐπεί, ὅστις ἀνὴρ ἀγαθὸς καὶ ἐχέφρων,
τὴν αὐτοῦ φιλέει καὶ κήδεται· ὡς καὶ ἐγὼ τὴν
ἐκ θυμοῦ φίλεον, δουρικτητήν περ ἐοῦσαν.
Νῦν δ' ἐπεὶ ἐκ χειρῶν γέρας εἵλετο, καί μ' ἀπάτησε,
μή μευ πειράτω, εὖ εἰδότος· οὐδέ με πείσει.   345
Ἀλλ', Ὀδυσεῦ, σὺν σοί τε καὶ ἄλλοισιν βασιλεῦσι
φραζέσθω νήεσσιν ἀλεξέμεναι δήϊον πῦρ.
Ἦ μὲν δὴ μάλα πολλὰ πονήσατο νόσφιν ἐμεῖο,
καὶ δὴ τεῖχος ἔδειμε, καὶ ἤλασε τάφρον ἐπ' αὐτῷ
εὐρεῖαν, μεγάλην, ἐν δὲ σκόλοπας κατέπηξεν·   350
ἀλλ' οὐδ' ὣς δύναται σθένος Ἕκτορος ἀνδροφόνοιο
ἴσχειν. Ὄφρα δ' ἐγὼ μετ' Ἀχαιοῖσιν πολέμιζον,

ravi une épouse chère à mon cœur. Qu'il partage sa couche et soit
heureux près d'elle! Mais pourquoi les Grecs feraient-ils la guerre aux
Troyens? Pourquoi le fils d'Atrée a-t-il conduit ici l'armée? N'est-ce
pas pour venger le rapt d'Hélène à la belle chevelure? Est-ce que les
Atrides sont les seuls, chez les hommes, qui chérissent leurs épouses?
Mais tout homme de bien et de cœur aime et protége la sienne; et,
moi aussi, j'aimais Briséis de tout mon cœur, quoiqu'elle ne fût qu'une
captive! Maintenant qu'il m'a ravi ma part et qu'il m'a trompé,
qu'Agamemnon n'essaie pas de me séduire : je le connais trop bien;
il n'y réussira pas. Qu'il se concerte plutôt avec toi, Ulysse, et avec
les autres rois, afin de défendre les vaisseaux contre les feux incen-
diaires de l'ennemi. Il a déjà fait bien des choses sans moi : il a bâti
une muraille; il l'a flanquée d'un large et grand fossé qu'il a bordé de
pieux; et cependant il ne peut pas arrêter la fureur de l'homicide
Hector! Quand je combattais dans les rangs des Grecs, Hector n'osait

ἔχει δὲ ἄλοχον θυμαρέα·	et il a *mon* épouse douce-au-cœur :
τερπέσθω παριαύων τῇ.	qu'il se réjouisse reposant-près d'elle.
Τί δὲ δεῖ Ἀργείους	Et pourquoi faut-il les Argiens
πολεμιζέμεναι Τρώεσσι ;	faire-la-guerre aux Troyens ?
τί δὲ Ἀτρείδης	et pourquoi le fils-d'Atrée
ἀγείρας	*l*'ayant rassemblée
ἀνήγαγε λαὸν ἐνθάδε ;	a-t-il conduit l'armée ici ?
ἦ οὐχ ἕνεκα Ἑλένης	n'est-ce pas à-cause-d'Hélène
ἠϋκόμοιο ;	à-la-belle-chevelure ?
ἦ μοῦνοι	est-ce-que seuls
ἀνθρώπων μερόπων	des hommes à-la-voix-articulée
Ἀτρεῖδαι φιλέουσιν ἀλόχους ;	les Atrides aiment *leurs* épouses ?
ἐπεὶ ὅστις ἀνὴρ	puisque tout homme
ἀγαθὸς καὶ ἐχέφρων	bon et ayant-du-sens
φιλέει καὶ κήδεται τὴν αὑτοῦ·	aime et soigne l'*épouse* de lui-même ;
ὡς καὶ ἐγὼ	comme moi aussi
φίλεον ἐκ θυμοῦ τήν,	j'aimais de *tout mon* cœur elle ,
ἐοῦσάν περ δουρικτητήν.	quoique étant acquise-par-la-lance.
Νῦν δὲ ἐπεὶ	Mais maintenant puisque
εἵλετο ἐκ χειρῶν γέρας ,	il *m*'a pris des mains *ma* récompense,
καὶ ἀπάτησέ με,	et *que* il a trompé moi,
μὴ πειράτω μευ	qu'il ne tente pas moi
εἰδότος εὖ·	sachant bien (qui le connais bien) ;
οὐδὲ πείσει με.	il ne persuadera pas moi.
Ἀλλὰ φραζέσθω	Mais qu'il délibère
σὺν σοί τε, Ὀδυσεῦ,	et avec toi, Ulysse,
καὶ ἄλλοισι βασιλεῦσιν	et *avec* les autres rois
ἀλεξέμεναι νήεσσι	pour écarter des vaisseaux
πῦρ δήϊον.	le feu ennemi.
Ἦ μὲν δὴ νόσφιν ἐμεῖο,	Certes à la vérité sans moi,
πονήσατο μάλα πολλά ,	il a fait-des-travaux très nombreux ,
καὶ δὴ ἔδειμε τεῖχος,	et certes il a bâti un mur,
καὶ ἤλασε ἐπὶ αὐτῷ	et il a poussé (creusé) près de lui
τάφρον εὐρεῖαν, μεγάλην,	un fossé large, grand,
ἐγκατέπηξε δὲ σκόλοπας·	et il a planté-dedans des pieux ;
ἀλλὰ οὐδὲ δύναται ὣς	mais il ne peut pas même ainsi
ἴσχειν σθένος	contenir la valeur
Ἕκτορος ἀνδροφόνοιο.	d'Hector meurtrier-des-hommes.
Ὄφρα δὲ ἐγὼ πολέμιζον	Mais quand moi je guerroyais
μετὰ Ἀχαιοῖσιν,	parmi les Achéens,

οὐκ ἐθέλεσκε μάχην ἀπὸ τείχεος ὀρνύμεν Ἕκτωρ,
ἀλλ' ὅσον ἐς Σκαιάς τε πύλας καὶ φηγὸν ἵκανεν ·
ἔνθα ποτ' οἶον ἔμιμνε, μόγις δέ μευ ἔκφυγεν ὁρμήν.   355
Νῦν δ', ἐπεὶ οὐκ ἐθέλω πολεμιζέμεν Ἕκτορι δίῳ,
αὔριον ἱρὰ Διὶ ῥέξας καὶ πᾶσι θεοῖσι,
νηήσας εὖ νῆας, ἐπὴν ἅλαδε προερύσσω,
ὄψεαι, ἢν ἐθέλησθα καὶ αἴ κέν τοι τὰ μεμήλῃ,
ἦρι μάλ' Ἑλλήσποντον ἐπ' ἰχθυόεντα πλεούσας   360
νῆας ἐμάς, ἐν δ' ἄνδρας ἐρεσσέμεναι μεμαῶτας.
Εἰ δέ κεν εὐπλοίην δώῃ κλυτὸς Ἐννοσίγαιος,
ἤματι κε τριτάτῳ Φθίην ἐρίβωλον ἱκοίμην.   •

Ἔστι δέ μοι μάλα πολλά, τὰ κάλλιπον ἐνθάδε ἔρρων ·
ἄλλον δ' ἐνθένδε χρυσὸν καὶ χαλκὸν ἐρυθρὸν,   365
ἠδὲ γυναῖκας ἐϋζώνους, πολιόν τε σίδηρον
ἄξομαι, ἅσσ' ἔλαχόν γε · γέρας δέ μοι, ὅσπερ ἔδωκεν,
αὖτις ἐφυβρίζων ἕλετο κρείων Ἀγαμέμνων

pas s'avancer loin des remparts, et il n'allait pas au-delà des portes
Scées et du hêtre. Une fois seulement il m'y attendit, et c'est à peine
s'il put se dérober à ma poursuite. Mais maintenant, je ne veux plus
combattre le divin Hector, et demain, après avoir offert des sacrifices
à Jupiter et à tous les dieux, je tirerai à la mer mes vaisseaux chargés
de butin, et tu verras, si tu veux, et si cela t'intéresse, tu verras de
grand matin naviguer dans les eaux poissonneuses de l'Hellespont,
mes vaisseaux poussés par de vigoureux rameurs. Si le glorieux Neptune, qui fait trembler la terre, nous accorde un heureux voyage,
j'arriverai dans trois jours sur la terre fertile de Phthie. Là m'attendent de grands biens que j'ai laissés en venant ici pour mon
malheur ; et j'emporte encore de ce rivage de l'or, du cuivre, des
femmes à la belle ceinture et du fer étincelant, tout le butin qui m'est
échu en partage. La récompense qu'il m'avait donnée lui-même, le

Ἕκτωρ οὐκ ἐθέλεσκεν	Hector ne voulait pas
ὀρνύμεν μάχην	provoquer le combat
ἀπὸ τείχεος ,	loin du mur (des murailles),
ἀλλὰ ἵκανεν ὅσον	mais il s'avançait autant-que
ἔς τε πύλας Σκαιὰς καὶ φηγόν ·	jusqu'aux portes Scées et au hêtre :
ἔνθα ἔμιμνεν οἶον ποτὲ,	là il m'attendit seul un jour,
ἔκφυγε δὲ μόγις	et il échappa à peine
ὁρμήν μευ.	à l'assaut de moi.
Νῦν δὲ ἐπεὶ	Mais maintenant puisque
οὐκ ἐθέλω πολεμιζέμεν	je ne veux pas combattre
Ἕκτορι δίῳ,	Hector divin,
αὔριον ῥέξας ἱρὰ	demain ayant fait des sacrifices
Διὶ καὶ πᾶσι θεοῖσιν,	à Jupiter et à tous les dieux,
ἐπὴν προερύσσω ἅλαδε	lorsque j'aurai tiré à-la-mer
νῆας νηήσας εὖ,	mes vaisseaux chargés bien,
ὄψεαι, ἢν ἐθέλῃσθα ,	tu verras, si tu veux,
καὶ αἴ κε τὰ μεμήλῃ τοι,	et si ces-choses sont-à-souci à toi,
ἐμὰς νῆας πλεούσας	mes vaisseaux naviguant
μάλα ἦρι	de grand matin
ἐπὶ Ἑλλήσποντον ἰχθυόεντα ,	sur l'Hellespont poissonneux,
ἐν δὲ ἄνδρας	et dedans des hommes
μεμαῶτας ἐρεσσέμεναι ·	occupés-avec-ardeur à ramer ;
εἰ δὲ Ἐννοσίγαιος	et si le dieu qui-ébranle-la-terre
κλυτὸς	glorieux
δώῃ κεν εὐπλοίην,	nous donnait une bonne-navigation,
ἱκοίμην κε Φθίην ἐρίβωλον	j'irais certes à Phthie fertile
ἤματι τριτάτῳ.	le jour troisième.
Ἔστι δέ μοι	Or il est à moi
μάλα πολλὰ ,	des biens très nombreux ,
τὰ κάλλιπον	que j'ai laissés
ἔρρων ἐνθάδε ·	venant-pour-mon-malheur ici ;
ἄξομαι δὲ ἐνθένδε	et j'emporterai d'ici
ἄλλον χρυσὸν	d'autre or encore
καὶ χαλκὸν ἐρυθρὸν	et de l'airain rouge
ἠδὲ γυναῖκας εὐζώνους	et des femmes à-la-belle-ceinture
σίδηρόν τε πολιὸν,	et du fer blanc,
ἄσσα ἔλαχόν γε ·	tout-ce-que j'ai obtenu du-moins ;
Ἀγαμέμνων δὲ	mais Agamemnon
Ἀτρείδης κρείων,	fils-d'Atrée puissant,
ὅσπερ ἔδωκε γέρας μοι,	lequel donna la récompense à moi,

Ἀτρείδης· τῷ πάντ' ἀγορευέμεν, ὡς ἐπιτέλλω,

ἀμφαδόν· ὄφρα καὶ ἄλλοι ἐπισκύζωνται Ἀχαιοὶ,   370

εἴ τινά που Δαναῶν ἔτι ἔλπεται ἐξαπατήσειν,

αἰὲν ἀναιδείην ἐπιειμένος. Οὐδ' ἂν ἔμοιγε

τετλαίη, κύνεός περ ἐὼν, εἰς ὦπα ἰδέσθαι·

οὐδέ τί οἱ βουλὰς συμφράσσομαι, οὐδὲ μὲν ἔργον·

ἐκ γὰρ δή μ' ἀπάτησε καὶ ἤλιτεν· οὐδ' ἂν ἔτ' αὖτις   375

ἐξαπάφοιτ' ἐπέεσσιν· ἅλις δέ οἱ· ἀλλὰ ἕκηλος

ἐρρέτω· ἐκ γὰρ εὖ φρένας εἵλετο μητίετα Ζεύς.

Ἐχθρὰ δέ μοι τοῦ δῶρα, τίω δέ μιν ἐν καρὸς αἴση [1].

Οὐδ' εἴ μοι δεκάκις τε καὶ εἰκοσάκις τόσα δοίη

ὅσσα τέ οἱ νῦν ἐστὶ, καὶ εἴ ποθεν ἄλλα γένοιτο·   380

οὐδ', ὅσ' ἐς Ὀρχομενὸν ποτινίσσεται, οὐδ', ὅσα Θήβας

puissant Agamemnon, fils d'Atrée, me l'a outrageusement ravie ; car je veux que tu lui rapportes ouvertement mes paroles, afin de soulever l'indignation des autres Grecs, s'il tentait encore de tromper quelqu'un d'entre eux, l'impudent qu'il est, comme toujours! et, malgré sa cynique assurance, il n'oserait pas me regarder en face. Je ne l'aiderai jamais ni de mes conseils ni de mon bras. Il m'a trompé ; il m'a offensé : il ne saurait plus désormais me surprendre par des paroles. Qu'il soit satisfait, et coure à sa perte, sans me troubler ! Car le sage Jupiter lui a ravi la raison. Ses présents me sont odieux, et je ne fais aucun cas de sa personne. Non, quand il me donnerait dix et vingt fois autant de richesses qu'il en possède aujourd'hui et qu'il en aura jamais ; toutes celles qui abondent à Orchomène, ou dans la ville de

ἕλετο αὖτις	*me l'*a ravie de nouveau
ἐφυβρίζων ·	*me* faisant-injure;
ἀγορευέμεν τῷ	*vous pouvez* dire à lui
πάντα ἀμφαδὸν,	toutes-choses ouvertement,
ὡς ἐπιτέλλω ·	comme je *vous le* recommande ;
ὄφρα καὶ ἄλλοι Ἀχαιοὶ	afin que les autres Achéens aussi
ἐπισκύζωνται,	s'indignent,
εἴ που ἔλπεται	si par-hasard il espère
ἐξαπατήσειν ἔτι	devoir tromper encore
τινὰ τῶν Δαναῶν,	quelqu'un des Grecs,
ἐπιειμένος αἰὲν ἀναιδείην ·	*lui,* revêtu toujours d'impudence !
οὐδὲ ἂν τετλαίη,	et il n'oserait pas ,
ἐών περ κύνεος,	quoique étant cynique,
ἰδέσθαι εἰς ὦπα ἔμοιγε ·	regarder en face à moi-du-moins;
συμφράσσομαί οἱ	je ne me concerterai-avec lui
οὐδέ τι βουλὰς	ni aucunement pour les conseils
οὐδὲ μὲν ἔργον ·	ni à la vérité pour l'action ;
ἐξαπάτησε γὰρ ὂ	car il a trompé certes
καὶ ἤλιτέ με ·	et il a offensé moi ;
οὐδὲ ἂν ἐξαπάφοιτο ἔτι	et il ne *me* tromperait plus
ἐπέεσσι	par des paroles
νῦν αὖτις ·	maintenant de nouveau;
ἅλις δέ οἱ,	et *c'est* assez pour lui,
ἀλλὰ ἔκηλος	mais que tranquille
ἐρρέτω ·	il aille-à-sa-perte !
Ζεὺς γὰρ μητίετα	car Jupiter prudent
ἐξείλετο φρένας εὖ.	a enlevé l'esprit de lui.
Δῶρα δὲ τοῦ	Mais les présents de lui
ἐχθρά μοι,	*sont* odieux à moi,
τίω δέ μιν ἐν αἴσῃ καρός.	et j'honore lui à l'égal d'un cheveu.
Οὐδὲ εἰ δοίη μοι	Pas même s'il donnait à moi
δεκάκις τε καὶ εἰκοσάκις	et dix-fois et vingt-fois
τόσα ὅσα τε	autant *de biens* que
ἔστιν οἱ νῦν,	il *en* est à lui maintenant ,
καὶ εἰ ἄλλα γένοιτό	et si d'autres *lui* arrivent
ποθεν ·	de-quelque-part ;
οὐδὲ ὅσα	ni *s'il m'en donnait* autant-que
ποτινίσσεται ἐς Ὀρχομενὸν,	il *en* arrive à Orchomène,
οὐδὲ ὅσα	ni *s'il m'en donnait* autant-que
Θήβας Αἰγυπτίας,	*il en arrive* à Thèbes Égyptienne,

Αἰγυπτίας, ὅθι πλεῖστα δόμοις ἐν κτήματα κεῖται,
αἵθ’ ἑκατόμπυλοί εἰσι, διηκόσιοι δ’ ἀν’ ἑκάστην
ἀνέρες ἐξοιχνεῦσι σὺν ἵπποισιν καὶ ὄχεσφιν·
οὐδ’, εἴ μοι τόσα δοίη ὅσα ψάμαθός τε κόνις τε,   385
οὐδέ κεν ὣς ἔτι θυμὸν ἐμὸν πείσει’ Ἀγαμέμνων,
πρίν γ’ ἀπὸ πᾶσαν ἐμοὶ δόμεναι θυμαλγέα λώβην.
Κούρην δ’ οὐ γαμέω Ἀγαμέμνονος Ἀτρείδαο·
οὐδ’ εἰ χρυσείη Ἀφροδίτῃ κάλλος ἐρίζοι,
ἔργα δ’ Ἀθηναίῃ γλαυκώπιδι ἰσοφαρίζοι,   390
οὐδέ μιν ὣς γαμέω· ὁ δ’ Ἀχαιῶν ἄλλον ἑλέσθω,
ὅστις οἵ τ’ ἐπέοικε, καὶ ὃς βασιλεύτερός ἐστιν.
Ἢν γὰρ δή με σόωσι θεοὶ καὶ οἴκαδ’ ἵκωμαι,
Πηλεύς θήν μοι ἔπειτα γυναῖκα γαμέσσεται αὐτός.
Πολλαὶ Ἀχαιίδες εἰσὶν ἀν’ Ἑλλάδα τε Φθίην τε,   395
κοῦραι ἀριστήων ¹, οἵτε πτολίεθρα ῥύονται·
τάων ἥν κ’ ἐθέλωμι, φίλην ποιήσομ’ ἄκοιτιν.
Ἔνθα δέ μοι μάλα πολλὸν ἐπέσσυτο θυμὸς ἀγήνωρ,
γήμαντι μνηστὴν ἄλοχον, εἰκυῖαν ἄκοιτιν,
κτήμασι τέρπεσθαι τὰ γέρων ἐκτήσατο Πηλεύς·   400

Thèbes, en Égypte, dont les maisons regorgent de trésors, et dont les cent portes donnent chacune passage à deux cents hommes avec leurs coursiers et leurs chars; dût-il m’en donner autant qu’il y a de sable et de poussière au monde, Agamemnon n’apaisera jamais mon ressentiment avant d’avoir complètement expié le cruel outrage qu’il a fait à mon cœur. Non, je n’épouserai pas la fille d’Agamemnon, fils d’Atrée, fût-elle aussi belle que la blonde Vénus, aussi industrieuse que Minerve aux yeux bleus; je ne l’épouserai pas! Qu’il choisisse pour gendre parmi les Grecs quelque autre guerrier qui lui convienne et qui soit plus puissant que moi! Si les dieux me conservent et que je retourne dans ma patrie, Pélée me choisira lui-même une épouse. Il y a dans la Grèce et dans la terre de Phthie assez de Grecques, filles des rois puissants qui gouvernent les villes : je me ferai de celle qui me plaira une compagne chérie. Alors, mon dessein est de jouir avec l’épouse légitime, et digne de moi, que je me serai donnée, des biens que le vieux Pélée s’est amassés. Car à mes yeux rien n’est préféra-

ὅθι κτήματα πλεῖστα	où des richesses très-nombreuses
κεῖται ἐν δόμοις·	gisent dans les maisons;
αἵτε εἰσὶν ἑκατόμπυλοι,	laquelle (Thèbes) est à-cent-portes,
διηκόσιοι δὲ ἀνέρες	et deux-cents hommes
ἐξοιχνεῦσιν ἀνὰ ἑκάστην	sortent par chacune *de ces portes*
σὺν ἵπποισι καὶ ὄχεσφιν·	avec des chevaux et des chars;
οὐδὲ εἰ δοίη μοι	pas-même si il donnait à moi
τόσα ὅσα	autant que
ψάμαθός τε κόνις τε,	et le sable et la poussière *ont de grains*,
Ἀγαμέμνων οὐδέ κε πείσειεν	Agamemnon ne persuaderait pas
ἔτι ὣς ἐμὸν θυμὸν,	même ainsi mon cœur,
πρίν γε ἀποδόμεναι ἐμοὶ	avant du moins d'avoir expié à moi
πᾶσαν λώβην θυμαλγέα.	toute l'injure pénible-au-cœur.
Οὐ γαμέω δὲ κούρην	Mais je n'épouserai pas de jeune fille
Ἀγαμέμνονος Ἀτρείδαο·	d'Agamemnon, fils-d'Atrée;
οὐδὲ εἰ ἐρίζοι	pas-même si elle *le* disputait
κάλλος Ἀφροδίτῃ χρυσείῃ,	*en* beauté à Vénus dorée,
ἰσοφαρίζοι δὲ ἔργα	et *que* elle s'égalât *pour* les ouvrages
Ἀθηναίῃ γλαυκώπιδι·	à Minerve aux-yeux-d'azur;
οὐδὲ γαμέω μιν ὥς·	je n'épouserai pas-même elle ainsi;
ὁ δὲ ἑλέσθω	mais que lui choisisse
ἄλλον Ἀχαιῶν,	un autre des Achéens,
ὅστις ἐπέοικέ τέ οἱ,	celui-qui-convient à lui,
καὶ ὅς ἐστι βασιλεύτερος.	et qui est plus-*puissant*-roi.
Ἢν γὰρ δὴ θεοὶ σώσί με	Car certes si les dieux sauvent moi
καὶ ἵκωμαι οἴκαδε,	et *que* je revienne chez-moi,
Πηλεὺς αὐτὸς θὴν	Pelée lui-même certes
γαμέσσεται ἔπειτα γυναῖκά μοι.	mariera ensuite une femme à moi.
Πολλαὶ δὲ Ἀχαιΐδες εἰσὶν	Or beaucoup d'Achéennes sont
ἀνὰ Ἑλλάδα τε Φθίην τε,	et par la Grèce et à Phthie,
κοῦραι ἀριστήων,	jeunes-filles de vaillants-chefs,
οἵτε ῥύονται πτολίεθρα·	lesquels protégent des villes :
τάων ποιήσομαι	desquelles *filles* je ferai
ἄκοιτιν φίλην ἥν κεν ἐθέλωμι.	épouse mienne celle-que je voudrai.
Θυμὸς δὲ ἀγήνωρ	Or le cœur très-viril [moi,
ἐπέσσυτο μάλα πολλόν μοι,	était (est) poussé certes beaucoup a
γήμαντι ἄλοχον μνηστὴν,	ayant épousé une femme légitime,
ἄκοιτιν εἰκυῖαν,	compagne convenable,
τέρπεσθαι ἔνθα κτήμασι	à jouir là des richesses
τὰ Πηλεὺς γέρων ἐκτήσατο·	que Pélée vieillard a acquises;

οὐ γὰρ ἐμοὶ ψυχῆς ἀντάξιον, οὐδ' ὅσα φασὶν
Ἴλιον ἐκτῆσθαι, εὐναιόμενον πτολίεθρον,
τοπρὶν ἐπ' εἰρήνης, πρὶν ἐλθεῖν υἷας Ἀχαιῶν ·
οὐδ' ὅσα λάϊνος οὐδὸς ἀφήτορος ἐντὸς ἐέργει,
Φοίβου Ἀπόλλωνος, Πυθοῖ ¹ ἔνι πετρηέσσῃ.   405
Ληϊστοὶ μὲν γάρ τε βόες καὶ ἴφια μῆλα,
κτητοὶ δὲ τρίποδές τε καὶ ἵππων ξανθὰ κάρηνα ·
ἀνδρὸς δὲ ψυχὴ πάλιν ἐλθεῖν οὔτε λεϊστὴ,
οὔθ' ἑλετὴ, ἐπεὶ ἄρ κεν ἀμείψεται ἕρκος ὀδόντων.
Μήτηρ γάρ τέ μέ φησι θεὰ, Θέτις ἀργυρόπεζα,   410
διχθαδίας Κῆρας φερέμεν θανάτοιο τέλοσδε ².
Εἰ μέν κ' αὖθι μένων Τρώων πόλιν ἀμφιμάχωμαι,
ὤλετο μέν μοι νόστος, ἀτὰρ κλέος ἄφθιτον ἔσται ·
εἰ δέ κεν οἴκαδ' ἵκωμι φίλην ἐς πατρίδα γαῖαν,
ὤλετό μοι κλέος ἐσθλὸν, ἐπὶ δηρὸν δέ μοι αἰὼν   415

ble à la vie : ni les richesses que la ville populeuse d'Ilion possédait,
dit-on, pendant la paix, avant l'arrivée des fils des Grecs ; ni les trésors que renferme le temple de pierre de Phébus Apollon, au sein des
rochers de Delphes. On peut réparer la perte des bœufs et des gras
troupeaux ; acquérir des trépieds et des chevaux à la blonde crinière ;
mais rappeler la vie, la ressaisir, c'est impossible, quand une fois elle
a franchi la barrière des dents, avec le dernier soupir. Ma divine
mère, Thétis aux pieds d'argent, m'a dit que deux destinées différentes pouvaient me conduire au terme de la mort. Si je demeure
pour combattre sous les murs de la ville des Troyens, je perds tout
espoir de retour, mais je gagne une gloire immortelle. Si, au contraire, je retourne dans mes foyers, au sein de ma chère patrie, je
renonce à la gloire, mais une longue vie m'est assurée, et la mort

οὐ γὰρ ἐμοὶ	car *ce n'est* pas pour moi
ἀντάξιον ψυχῆς,	*une chose* comparable à la vie,
οὐδὲ ὅσα φασὶν	non-pas-même tout-ce-que on dit
ἐκτῆσθαι Ἴλιον,	avoir acquis (possédé) Ilion,
πτολίεθρον εὐναιόμενον,	ville bien-habitée,
τοπρὶν ἐπ' εἰρήνης,	auparavant pendant la paix,
πρὶν υἶας Ἀχαιῶν ἐλθεῖν ·	avant les fils des Achéens être venus ;
οὐδὲ ὅσα οὐδὸς λάϊνος	ni tout-ce-que le seuil de-pierre
Φοίβου Ἀπόλλωνος	de Phébus Apollon
ἀφήτορος	qui-lance-*des-traits*
ἐέργει ἐντὸς	enferme en-dedans
ἐνὶ Πυθοῖ πετρηέσσῃ.	dans Pytho pierreuse. [quérir
Βόες τε μὲν γὰρ ληϊστοὶ	Car et les bœufs *sont* faciles-à-con-
καὶ μῆλα ἴφια,	et les brebis grasses
τρίποδές τε δὲ	et les trépieds aussi
κτητοὶ	*sont* susceptibles-d'être-acquis
καὶ κάρηνα ξανθὰ ἵππων ·	ainsi-que les têtes blondes des che-
ψυχὴ δὲ ἀνδρὸς	mais la vie d'un homme [vaux ;
οὔτε λεϊστὴ	n'*est* ni susceptible-d'être-conquise
οὔτε ἑλετὴ	ni saisissable
ἐλθεῖν πάλιν,	*pour* revenir de nouveau,
ἐπεὶ ἄρ κεν ἀμείψεται	après que certes elle aura franchi
ἕρκος ὀδόντων.	le rempart des dents.
Μήτηρ γάρ τε θεὰ,	Car et *ma* mère déesse,
Θέτις ἀργυρόπεζα,	Thétis aux-pieds-d'argent,
φησὶ Κῆρας διχθαδίας	dit les Parques (un destin) doubles
φερέμεν με τέλοσδε θανάτοιο.	porter moi au-terme de la mort.
Εἰ μὲν μένων αὖθι	Si d'un côté, restant ici,
κεν ἀμφιμάχωμαι	je combats-autour
πόλιν Τρώων,	de la ville des Troyens,
νόστος μὲν	le retour à la vérité
ὤλετό μοι,	est perdu pour moi,
ἀτὰρ κλέος ἔσται ἄφθιτον ·	mais *ma* gloire sera impérissable ;
εἰ δέ	si d'un autre côté
κεν ἵκωμι οἴκαδε	je retourne chez-moi
ἐς γαῖαν φίλην πατρίδα,	dans la terre chérie de-la-patrie,
κλέος ἐσθλὸν	une gloire bonne
ὤλετό μοι,	est perdue pour moi,
αἰὼν δὲ ἔσσεταί μοι	mais une vie sera à moi
ἐπὶ δηρὸν,	pour long-temps,

ἔσσεται, οὐδέ κέ μ' ὦκα τέλος θανάτοιο κιχείη.
Καὶ δ' ἂν τοῖς ἄλλοισιν ἐγὼ παραμυθησαίμην
οἴκαδ' ἀποπλείειν· ἐπεὶ οὐκέτι δήετε τέκμωρ
Ἰλίου αἰπεινῆς· μάλα γάρ ἔθεν εὐρύοπα Ζεὺς
χεῖρα ἑὴν ὑπερέσχε, τεθαρσήκασι δὲ λαοί.   420
Ἀλλ' ὑμεῖς μὲν ἰόντες, ἀριστήεσσιν Ἀχαιῶν
ἀγγελίην ἀπόφασθε (τὸ γὰρ γέρας ἐστὶ γερόντων),
ὄφρ' ἄλλην φράζωνται ἐνὶ φρεσὶ μῆτιν ἀμείνω,
ἥ κέ σφιν νῆάς τε σόη καὶ λαὸν Ἀχαιῶν
νηυσὶν ἔπι γλαφυρῆς· ἐπεὶ οὔ σφισιν ἥδε γ' ἑτοίμη   425
ἣν νῦν ἐφράσσαντο, ἐμεῦ ἀπομηνίσαντος.
Φοῖνιξ δ' αὖθι παρ' ἄμμι μένων κατακοιμηθήτω,
ὄφρα μοι ἐν νήεσσι φίλην ἐς πατρίδ' ἔπηται
αὔριον, ἢν ἐθέλησιν· ἀνάγκη δ' οὔτι μιν ἄξω. »

   Ὣς ἔφαθ'· οἱ δ' ἄρα πάντες ἀκὴν ἐγένοντο σιωπῇ,   430
μῦθον ἀγασσάμενοι· μάλα γὰρ κρατερῶς ἀπέειπεν.

n'est pas près de m'atteindre. Je conseille donc à tous les autres Grecs
de retourner dans leur patrie, car vous ne pouvez plus espérer de
voir la ruine d'Iliou aux murailles élevées. Jupiter, qui se fait enten-
dre au loin, étend sur elle une main protectrice, et les peuples ont repris
courage. Partez maintenant, et rapportez mes paroles aux chefs des
Grecs, puisque c'est là le privilége des vieillards, afin qu'ils prennent
une résolution meilleure, qui assure le salut des vaisseaux et de l'armée des Grecs sur leurs creux navires. L'espoir que vous aviez conçu
n'est plus fondé : je reste fidèle à mon ressentiment. Que Phénix reste
parmi nous et couche ici, pour s'embarquer demain, s'il le veut, et
nous suivre dans notre chère patrie ; mais je ne veux pas l'y contraindre. »

   Il dit. Tout le monde, frappé de ce discours, observe un profond
silence. On admire la fermeté du refus. Enfin le vieux Phénix, habile

οὐδὲ τέλος θανάτοιό	et le terme de la mort
κε κιχείη με ὦκα.	n'atteindrait pas moi promptement.
Καὶ δὲ ἐγὼ	Mais moi aussi
ἂν παραμυθησαίμην τοῖς ἄλλοισιν	je conseillerais aux autres
ἀποπλείειν οἴκαδε ·	de retourner-en-naviguant chez-eux ;
ἐπεὶ οὐκέτι δήετε	puisque vous ne trouverez plus
τέκμωρ Ἰλίου αἰπεινῆς ·	le dernier-jour d'Ilion élevée ;
Ζεὺς γὰρ εὐρύοπα	car Jupiter dont-la-voix-porte-loin
ὑπέρεσχέν ἕθεν	a étendu-sur elle
μάλα ἑὴν χεῖρα,	beaucoup sa main,
λαοὶ δὲ τεθαρσήκασιν.	et les peuples se sont rassurés.
Ἀλλὰ ὑμεῖς μὲν ἰόντες,	Mais vous à la vérité allant,
ἀπόφασθε ἀγγελίην	rapportez la nouvelle
ἀριστήεσσιν Ἀχαιῶν ·	aux vaillants-chefs des Achéens ;
τὸ γάρ ἐστι	car cela est
γέρας γερόντων ·	le privilége des vieillards ;
ὄφρα φράζωνται	afin que ils conçoivent
ἐνὶ φρεσὶν	dans *leur* esprit
ἄλλην μῆτιν ἀμείνω,	une autre pensée meilleure,
ἤ κε σόῃ σφιν	qui puisse-sauver à eux
νῆάς τε	et *leurs* vaisseaux
καὶ λαὸν Ἀχαιῶν	et l'armée des Achéens
ἐπὶ νηυσὶ γλαφυρῇς ·	sur *leurs* vaisseaux creux ;
ἐπεὶ ἥδε γε	puisque celle-ci du moins
ἣν ἐφράσσαντο νῦν	laquelle ils conçurent aujourd'hui
οὐχ ἑτοίμη σφίσιν,	n'*est* pas prête *à se réaliser* pour eux,
ἐμεῦ ἀπομηνίσαντος.	moi persévérant-dans-mon-ressenti-
Φοῖνιξ δὲ κατακοιμηθήτω	Mais que Phénix se couche [ment.
μένων αὖθι παρὰ ἄμμιν,	restant ici près de nous,
ὄφρα αὔριον ἔπηταί μοι	afin que demain il suive moi
ἐν νήεσσιν	dans *mes* vaisseaux
ἐς πατρίδα φίλην,	vers la patrie chérie,
ἣν ἐθέλῃσιν ·	si il veut ;
οὔτι δὲ ἄξω μιν	mais je n'emmènerai nullement lui
ἀνάγκῃ. »	par nécessité (par force). »
Ἔφατο ὥς ·	Il parla ainsi ;
οἱ δὲ ἄρα πάντες	et certes eux tous
ἐγένοντο ἀκὴν σιωπῇ,	restèrent en-repos en silence,
ἀγασσάμενοι μῦθον ·	admirant le discours ;
ἀπέειπε γὰρ μάλα κρατερῶς.	car il refusa très fermement.

3.

Ὀψὲ δὲ δὴ μετέειπε γέρων ἱππηλάτα Φοῖνιξ,
δάκρυ' ἀναπρήσας· πέρι γὰρ δίε νηυσὶν Ἀχαιῶν·

« Εἰ μὲν δὴ νόστον γε μετὰ φρεσὶ, φαίδιμ' Ἀχιλλεῦ,
βάλλεαι, οὐδέ τι πάμπαν ἀμύνειν νηυσὶ θοῇσι   435
πῦρ ἐθέλεις ἀίδηλον, ἐπεὶ χόλος ἔμπεσε θυμῷ,
πῶς ἂν ἔπειτ' ἀπὸ σεῖο, φίλον τέχος, αὖθι λιποίμην
οἶος; σοὶ δέ μ' ἔπεμπε γέρων ἱππηλάτα Πηλεὺς
ἤματι τῷ ὅτε σ' ἐκ Φθίης Ἀγαμέμνονι πέμπε
νήπιον, οὔπω εἰδόθ' ὁμοιίου πολέμοιο,   440
οὐδ' ἀγορέων, ἵνα τ' ἄνδρες ἀριπρεπέες τελέθουσι.
Τοὔνεκά με προέηκε, διδασκέμεναι τάδε πάντα,
μύθων τε ῥητῆρ' ἔμεναι, πρηκτῆρά τε ἔργων.
Ὣς ἂν ἔπειτ' ἀπὸ σεῖο, φίλον τέχος, οὐκ ἐθέλοιμι
λείπεσθ', οὐδ' εἴ κέν μοι ὑποσταίη θεὸς αὐτὸς,   445
γῆρας ἀποξύσας, θήσειν νέον ἡβώοντα,

à conduire des coursiers, dit en versant des larmes; car il craignait
beaucoup pour les vaisseaux des Grecs :

« Si tu médites ton départ, illustre Achille, et que, refusant abso-
lument de défendre nos vaisseaux rapides des fureurs de l'incendie,
tu nourrisses toujours ton ressentiment dans ton cœur, comment fe-
rai-je, mon cher fils, pour rester ici seul, abandonné loin de toi? Le
vieux Pélée, habile à conduire des coursiers, m'attacha à toi du jour
qu'il t'envoya de Phthie vers Agamemnon. Tu étais bien jeune alors,
et tu ne connaissais encore ni la guerre, qui fait sentir à tous également ses rigueurs, ni les conseils, où les guerriers acquièrent aussi
de la gloire. Il me chargea donc de t'instruire et de te rendre à la fois
éloquent dans les conseils et brave dans les combats. Aussi, mon cher
fils, je ne consentirais pas à me séparer de toi, quand même un dieu
me promettrait de faire disparaître ma vieillesse, et de me rendre

Ὀψὲ δὲ δὴ Φοῖνιξ γέρων	Mais enfin certes Phénix vieillard
ἱππηλάτα	habile-à-conduire-les-chevaux
μετέειπεν	dit-parmi *les autres*
ἀναπρήσας δάκρυα·	versant-de-chaudes larmes ;
δίε γὰρ πέρι	car il craignait beaucoup
νηυσὶν Ἀχαιῶν·	pour les vaisseaux des Achéens :
« Εἰ μὲν δὴ	« Si à la vérité certes
βάλλεαί γε	tu te mets du moins
νόστον μετὰ φρεσίν,	le retour dans l'esprit,
Ἀχιλλεῦ φαίδιμε,	Achille brillant,
οὐδέ τι ἐθέλεις πάμπαν	et *que* tu ne veuilles pas du-tout
ἀμύνειν νηυσὶ θοῇσι	écarter des vaisseaux rapides
πῦρ ἀΐδηλον,	le feu dévorant,
ἐπεὶ χόλος	puisque la colère
ἔμπεσε θυμῷ·	est tombée dans *ton* cœur ;
πῶς ἂν λιποίμην ἔπειτα	comment serais-je laissé ensuite
αὖθι οἶος, ἀπὸ σεῖο,	là seul, loin de toi,
τέκος φίλον;	*mon* enfant chéri ?
Πηλεὺς δὲ γέρων	Mais Pélée vieillard
ἱππηλάτα	habile-à-conduire-les-chevaux
ἔπεμπέ μέ σοι	envoya moi avec toi
τῷ ἤματι ὅτε πέμπεν	ce jour où il envoya
ἐκ Φθίης Ἀγαμέμνονι	de Phthie à Agamemnon
σε νήπιον,	toi enfant,
οὔπω εἰδότα	ne connaissant pas-encore
πολέμοιο ὁμοιΐου,	la guerre égale *pour tous*,
οὐδὲ ἀγορέων,	ni les délibérations-publiques,
ἵνα τε ἄνδρες	où les hommes aussi
τελέθουσιν ἀριπρεπέες.	deviennent très-distingués.
Τοὔνεκα προέηκέ με,	C'est pourquoi il a envoyé moi,
διδασκέμεναι πάντα τάδε,	pour *t*'enseigner toutes ces choses,
ἔμεναί τε ῥητῆρα μύθων,	à être et orateur de discours,
πρηκτῆρά τε ἔργων.	et faiseur d'actions.
Ὣς οὐκ ἂν ἐθέλοιμι ἔπειτα	Aussi je ne voudrais pas ensuite
λείπεσθαι ἀπὸ σεῖο, τέκος φίλον,	être laissé loin de toi, enfant chéri,
οὐδὲ εἰ θεὸς αὐτὸς,	pas-même si un dieu même,
ἀποξύσας γῆρας,	ayant gratté (enlevé) *ma* vieillesse,
ὑποσταίη κέ μοι,	venait-à-promettre à moi
θήσειν	devoir rendre *moi*
νέον ἡβώοντα,	jeune plein-de-vigueur,

οἶον ὅτε πρῶτον λίπον Ἑλλάδα καλλιγύναικα,
φεύγων νείκεα πατρὸς Ἀμύντορος Ὀρμενίδαο [1] ·
ὅς μοι παλλακίδος περιχώσατο καλλικόμοιο,
τὴν αὐτὸς φιλέεσκεν, ἀτιμάζεσκε δ’ ἄκοιτιν,   450
μητέρ’ ἐμήν· ἡ δ’ αἰὲν ἐμὲ λισσέσκετο γούνων
παλλακίδι προμιγῆναι, ἵν’ ἐχθήρειε γέροντα.
Τῇ πιθόμην καὶ ἔρεξα· πατὴρ δ’ ἐμὸς αὐτίκ’ ὀϊσθεὶς,
πολλὰ κατηρᾶτο, στυγερὰς δ’ ἐπεκέκλετ’ Ἐρινῦς
μήποτε γούνασιν οἷσιν ἐφέσσεσθαι φίλον υἱὸν   455
ἐξ ἐμέθεν γεγαῶτα· θεοὶ δ’ ἐτέλειον ἐπαρὰς,
Ζεύς τε καταχθόνιος [2] καὶ ἐπαινὴ Περσεφόνεια.
Τὸν μὲν ἐγὼ βούλευσα κατακτάμεν ὀξέϊ χαλκῷ·
ἀλλά τις ἀθανάτων παῦσεν χόλον, ὅς ῥ’ ἐνὶ θυμῷ
δήμου θῆκε φάτιν καὶ ὀνείδεα πόλλ’ ἀνθρώπων,   460
ὡς μὴ πατροφόνος μετ’ Ἀχαιοῖσιν καλεοίμην.

jeune et vigoureux, comme j’étais, quand je quittai la Grèce, où les
femmes sont si belles, pour me soustraire au courroux de mon père
Amyntor, fils d’Orménus. Le sujet de sa colère contre moi, ce fut
mon amour pour une femme à la belle chevelure, qu’il aimait lui-
même, au mépris de ma mère, sa compagne légitime. Ma mère me
suppliait toujours à genoux de prévenir par mon union avec sa ri-
vale les nouvelles amours du vieillard. J’obéis et je fis ce qu’elle dé-
sirait. Mon père s’en aperçut bientôt, et me maudit. Il conjura les
terribles furies de ne jamais permettre qu’un fils de moi pût s’asseoir
sur ses genoux. Les dieux, le Jupiter des Enfers et la terrible Proserpine, accomplirent ses imprécations. J’avais conçu le dessein de le
tuer avec le fer aigu ; mais quelque dieu me fit oublier ma colère en
rappelant à mon esprit les rumeurs du peuple et les noms odieux
dont me poursuivraient les hommes : je ne voulus pas qu’on m’ap-
pelât parricide parmi les Grecs ; dès-lors je ne pouvais plus me résou-

οἷον ὅτε	tel-que lorsque
λίπον πρῶτον	je laissai pour-la-première-fois
Ἑλλάδα καλλιγύναικα,	la Grèce aux-belles-femmes,
φεύγων νείκεα	fuyant les reproches
πατρὸς Ἀμύντορος	de *mon* père Amyntor
Ὀρμενίδαο·	fils-d'Orménus;
ὃς περιχώσατό μοι	lequel s'irrita contre moi
παλλακίδος	pour une concubine
καλλικόμοιο,	aux-beaux-cheveux,
τὴν φιλέεσκεν αὐτὸς,	laquelle il aimait lui-même,
ἀτιμάζεσκε δὲ ἄκοιτιν,	et il outrageait *son* épouse,
ἐμὴν μητέρα·	ma mère;
ἡ δὲ λισσέσκετο αἰὲν ἐμὲ	celle-ci suppliait toujours moi
γούνων,	*me prenant* par les genoux,
προμιγῆναι παλλακίδι,	de m'unir-avant *lui* à la concubine,
ἵνα ἐχθήρειε γέροντα.	afin que elle haït le vieillard.
Πιθόμην τῇ καὶ ἔρεξα·	J'obéis à elle et je *le* fis:
ἐμὸς δὲ πατὴρ	mais mon père
ὀϊσθεὶς αὐτίκα,	*l'*ayant compris sur-le-champ,
κατηρᾶτο πολλὰ,	*me* maudit beaucoup,
ἐπεκέκλετο δὲ Ἐρινῦς στυγερὰς,	et invoqua les Furies odieuses,
υἱὸν φίλον, γεγαῶτα ἐξ ἐμέθεν,	*demandant* un fils chéri, né de moi,
μήποτε ἐφέσσεσθαι	ne devoir-jamais être-assis-sur
οἷσι γούνασι·	ses genoux;
θεοὶ δὲ ἐτέλειον	et les dieux accomplirent
ἐπαράς,	*ses* imprécations,
Ζεύς τε καταχθόνιος	et le Jupiter souterrain
καὶ Περσεφόνεια ἐπαινή.	et Proserpine terrible.
Ἐγὼ μὲν βούλευσα	Moi à la vérité je résolus
κατακτάμεν τὸν χαλκῷ ὀξέϊ·	de tuer lui avec l'airain aigu;
ἀλλά τις ἀθανάτων	mais quelqu'un des immortels
παῦσε χόλον,	fit-cesser *ma* colère,
ὅς ῥα	lequel certes
θῆκεν ἐνὶ θυμῷ	plaça dans *mon* cœur (me fit songer à)
φάτιν δήμου	la rumeur du peuple
καὶ ὀνείδεα πολλὰ	et les reproches nombreux
ἀνθρώπων,	des hommes,
ὡς μὴ καλεοίμην	afin que je ne fusse pas appelé
πατροφόνος	meurtrier-de-mon-père
μετὰ Ἀχαιοῖσιν.	parmi les Achéens.

Ἔνθ' ἐμοὶ οὐκέτι πάμπαν ἐρητύετ' ἐν φρεσὶ θυμὸς,
πατρὸς χωομένοιο, κατὰ μέγαρα στρωφᾶσθαι.
Ἦ μὲν πολλὰ ἔται καὶ ἀνεψιοὶ ἀμφὶς ἐόντες
αὐτοῦ λισσόμενοι κατερήτυον ἐν μεγάροισι·   465
πολλὰ δὲ ἴφια μῆλα καὶ εἰλίποδας ἕλικας βοῦς
ἔσφαζον, πολλοὶ δὲ σύες θαλέθοντες ἀλοιφῇ
εὑόμενοι τανύοντο διὰ φλογὸς Ἡφαίστοιο·
πολλὸν δ' ἐκ κεράμων μέθυ πίνετο τοῖο γέροντος.
Εἰνάνυχες δέ μοι ἀμφ' αὐτῷ παρὰ νύκτας ἴαυον.   470
Οἱ μὲν ἀμειβόμενοι φυλακὰς ἔχον· οὐδέ ποτ' ἔσβη
πῦρ, ἕτερον μὲν ὑπ' αἰθούσῃ εὐερκέος αὐλῆς,
ἄλλο δ' ἐνὶ προδόμῳ, πρόσθεν θαλάμοιο θυράων.
Ἀλλ' ὅτε δὴ δεκάτη μοι ἐπήλυθε νὺξ ἐρεβεννὴ,
καὶ τότ' ἐγὼ θαλάμοιο θύρας πυκινῶς ἀραρυίας   475
ῥήξας ἐξῆλθον, καὶ ὑπέρθορον ἑρκίον αὐλῆς
ῥεῖα, λαθὼν φύλακάς τ' ἄνδρας δμωάς τε γυναῖκας.

dre à rester dans le palais de mon père irrité. Mes amis, mes parents,
réunis autour de moi, me suppliaient, et cherchaient à me retenir.
Ils immolaient de grasses brebis, et des taureaux, aux jambes torses,
aux cornes recourbées ; ils faisaient rôtir la chair succulente des
porcs en la présentant à la flamme de Vulcain ; ils buvaient le vin et
vidaient les amphores du vieillard. Pendant neuf nuits, ils dormirent à
mes côtés : ils me gardaient tour à tour. Deux foyers restaient toujours allumés, l'un sous le portique de la cour, bien défendue par des
murs ; l'autre dans le vestibule, devant la porte de la chambre où je
couchais. Mais quand la dixième nuit survint avec son ombre, je bri-
sai, malgré leur solidité, les portes de ma chambre, et m'échappant,
je franchis les murs de la cour, facilement et à l'insu des hommes et
des femmes, qui me surveillaient. Je m'enfuis alors au loin, à travers

Ἔνθα θυμὸς ἐν φρεσὶν ἐμοὶ	Alors l'instinct dans l'esprit à moi
οὐκέτι ἐρητύετο πάμπαν	ne supportait plus du-tout
στρωφᾶσθαι κατὰ μέγαρα,	de séjourner dans le palais,
πατρὸς χωομένοιο.	mon père étant-irrité.
Ἦ μὲν ἔται	Certes d'un côté des amis
καὶ ἀνεψιοὶ ἐόντες ἀμφὶ	et des parents étant autour de moi
λισσόμενοι πολλὰ	suppliant beaucoup
κατερήτυον αὐτοῦ	me retenaient là-même
ἐν μεγάροισιν·	dans le palais ;
ἔσφαζον δὲ	et ils immolaient
πολλὰ μῆλα ἴφια	beaucoup de brebis grasses
καὶ βοῦς εἰλίποδας	et des bœufs aux-pieds-traînants
ἕλικας,	aux-cornes-tortues,
πολλοὶ δὲ σύες	et beaucoup de porcs
θαλέθοντες ἀλοιφῇ	florissants de graisse
τανύοντο εὑόμενοι	étaient étendus étant rôtis
διὰ φλογὸς Ἡφαίστοιο·	par la flamme de Vulcain ;
πολλὸν δὲ μέθυ τοῖο γέροντος	et beaucoup de vin du vieillard
πίνετο ἐκ κεράμων.	était bu des cruches-de-terre.
Ἴαυον δὲ εἰνάνυχες	Or ils reposèrent neuf-nuits
ἀμφί μοι αὐτῷ	autour de moi même
παρὰ νύκτας·	pendant les nuits ;
οἱ μὲν ἀμειβόμενοι	ceux-ci changeant (à tour de rôle)
ἔχον φυλακάς·	faisaient la garde ;
οὐδέ ποτε πῦρ ἔσβη,	et jamais le feu ne s'éteignit,
ἕτερον μὲν ὑπὸ αἰθούσῃ	l'un d'un-côté sous le portique
αὐλῆς εὐερκέος,	de la cour bien-défendue,
ἄλλο δὲ	un autre d'un-autre-côté
ἐνὶ προδόμῳ,	dans le vestibule,
πρόσθεν θυράων θαλάμοιο.	devant les portes de ma chambre.
Ἀλλὰ ὅτε δὴ	Mais lorsque certes
δεκάτη νὺξ ἐρεβεννὴ	la dixième nuit ténébreuse
ἐπήλυθέ μοι,	survint pour moi,
καὶ τότε ἐγὼ ἐξῆλθον	et alors moi je sortis
ῥήξας θύρας θαλάμοιο	ayant brisé les portes de ma chambre
ἀραρυίας πυκινῶς,	jointes solidement,
καὶ ὑπέρθορον ῥεῖα	et je franchis facilement
ἕρκίον αὐλῆς,	le mur de la cour,
λαθὼν ἄνδρας τε φύλακας	me cachant et aux hommes gardiens
γυναῖκάς τε δμωάς.	et aux femmes servantes.

Φεῦγον ἔπειτ' ἀπάνευθε δι' Ἑλλάδος εὐρυχόροιο,
Φθίην δ' ἐξικόμην ἐριβώλακα, μητέρα μήλων,
ἐς Πηλῆα ἄναχθ'· ὁ δέ με πρόφρων ὑπέδεκτο,   480
καί με φίλησ', ὡσεί τε πατὴρ ὃν παῖδα φιλήσῃ
μοῦνον, τηλύγετον, πολλοῖσιν ἐπὶ κτεάτεσσι·
καί μ' ἀφνειὸν ἔθηκε, πολὺν δέ μοι ὤπασε λαόν·
ναῖον δ' ἐσχατιὴν Φθίης, Δολόπεσσιν ἀνάσσων.
Καί σε τοσοῦτον ἔθηκα, θεοῖς ἐπιείκελ' Ἀχιλλεῦ,   485
ἐκ θυμοῦ φιλέων· ἐπεὶ οὐκ ἐθέλεσκες ἅμ' ἄλλῳ
οὔτ' ἐς δαῖτ' ἰέναι, οὔτ' ἐν μεγάροισι πάσασθαι,
πρίν γ' ὅτε δή σ' ἐπ' ἐμοῖσιν ἐγὼ γούνασσι καθίσσας,
ὄψου τ' ἄσαιμι προταμὼν καὶ οἶνον ἐπισχών·
πολλάκι μοι κατέδευσας ἐπὶ στήθεσσι χιτῶνα   490
οἴνου, ἀποβλύζων ἐν νηπιέῃ ἀλεγεινῇ.
Ὣς ἐπὶ σοὶ μάλα πόλλ' ἔπαθον καὶ πόλλ' ἐμόγησα,

la vaste Grèce, et, arrivé à Phthie, dont les plaines fécondes nourris-
sent de gras troupeaux, je me réfugiai auprès du roi Pélée, qui me
reçut avec bonté, et me chérit comme un père aime son fils unique,
né dans sa vieillesse, et qu'il élève au sein de l'abondance. Il me fit
riche, et soumit à mes lois un peuple nombreux. J'habitais les confins
du territoire de Phthie, et commandais aux Dolopes. Et c'est moi qui
t'ai fait ce que tu es aujourd'hui, Achille égal aux dieux, et je t'ai
toujours aimé du fond de mon cœur. Tu ne voulais jamais te mettre
à table avec un autre que moi, ni prendre tes repas dans le palais de
ton père, avant que je ne t'eusse assis sur mes genoux, pour te préparer les morceaux et porter le vin à tes lèvres. Plus d'une fois tu souil-
las ma tunique en rejetant le vin de ta bouche sur ma poitrine, dans
ces pénibles années de l'enfance. C'est ainsi que, pour toi, j'ai enduré
beaucoup, et me suis donné bien du mal, dans cette pensée, que, si

Φεῦγον ἔπειτα ἀπάνευθε	Je fuyais ensuite au-loin
διὰ Ἑλλάδος εὐρυχόροιο,	à travers la Grèce spacieuse,
ἐξικόμην δὲ Φθίην ἐριβώλακα,	et j'arrivai à Phthie fertile,
μητέρα μήλων,	mère des troupeaux,
ἐς Πηλῆα ἄνακτα·	chez Pélée prince;
ὁ δὲ πρόφρων	et lui plein-de-bienveillance
ὑπέδεκτό με,	accueillit moi,
καὶ φίλησέ με,	et il aima moi,
ὡσεί τε πατὴρ φιλήσῃ	et comme un père aimerait
ὃν παῖδα μοῦνον,	son enfant unique,
τηλύγετον,	né-dans-sa-vieillesse,
ἐπὶ κτεάτεσσι πολλοῖσι·	dans des biens nombreux;
καὶ ἔθηκέ με ἀφνειὸν,	et il rendit moi riche,
ὤπασε δέ μοι	et il attacha à moi
λαὸν πολύν·	un peuple nombreux :
ναῖον δὲ	et j'habitais
ἐσχατιὴν Φθίης,	la-partie-extrême de Phthie,
ἀνάσσων Δολόπεσσι.	commandant aux Dolopes.
Καὶ ἔθηκά σε	Et je fis toi
τοσοῦτον,	si grand (je t'élevai jusqu'ici),
Ἀχιλλεῦ ἐπιείκελε θεοῖς,	Achille égal aux dieux,
φιλέων ἐκ θυμοῦ·	t'aimant *du fond* du cœur;
ἐπεὶ οὐκ ἐθέλεσκες	puisque tu ne voulais
οὔτε ἰέναι εἰς δαῖτα	ni aller au repas (à table)
ἅμα ἄλλῳ,	avec un autre,
οὔτε πάσασθαι	ni prendre-de-nourriture
ἐν μεγάροισι,	dans *ton* palais,
πρίν γε ὅτε δὴ ἐγὼ	avant que du moins certes moi
καθίσσας σε	ayant assis toi
ἐπὶ ἐμοῖσι γούνασσιν,	sur mes genoux,
ἄσαιμί τε ὄψου	et je *te* rassasiasse de viande-cuite
προταμὼν	l'ayant coupée-d'avance
καὶ ἐπισχὼν οἶνον·	et ayant approché *de ta bouche* le vin;
πόλλάκι κατέδευσας οἴνου	souvent tu mouillas de vin
χιτῶνά μοὶ ἐπὶ στήθεσσιν,	la tunique à moi sur *ma* poitrine,
ἀποβλύζων	*le* faisant-jaillir *de ta bouche*
ἐν νηπιέῃ ἀλεγεινῇ.	dans l'enfance douloureuse.
Ἔπαθον ὡς μάλα πολλὰ,	Je souffris ainsi grandement beaucoup,
καὶ ἐμόγησα πολλὰ	et je me fatiguai beaucoup
ἐπὶ σοὶ,	pour toi,

τὰ φρονέων, ὅ μοι οὔτι θεοὶ γόνον ἐξετέλειον
ἐξ ἐμεῦ· ἀλλὰ σὲ παῖδα, θεοῖς ἐπιείκελ' Ἀχιλλεῦ,
ποιεύμην, ἵνα μοί ποτ' ἀεικέα λοιγὸν ἀμύνῃς.   495
Ἀλλ', Ἀχιλεῦ, δάμασον θυμὸν μέγαν· οὐδέ τί σε χρὴ
νηλεὲς ἦτορ ἔχειν· στρεπτοὶ δέ τε καὶ θεοὶ αὐτοί,
τῶνπερ καὶ μείζων ἀρετὴ τιμή τε βίη τε.
Καὶ μὲν τοὺς θυέεσσι καὶ εὐχωλῇς ἀγανῇσι,
λοιβῇ τε κνίσσῃ τε παρατρωπῶσ' ἄνθρωποι   500
λισσόμενοι, ὅτε κέν τις ὑπερβήῃ καὶ ἁμάρτῃ.
Καὶ γάρ τε Λιταί εἰσι Διὸς κοῦραι μεγάλοιο [1],
χωλαί τε ῥυσαί τε, παραβλῶπές τ' ὀφθαλμώ·
αἵ ῥά τε καὶ μετόπισθ' Ἄτης ἀλέγουσι κιοῦσαι.
Ἡ δ' Ἄτη σθεναρή τε καὶ ἀρτίπος· οὔνεκα πάσας   505
πολλὸν ὑπεκπροθέει, φθάνει δέ τε πᾶσαν ἐπ' αἶαν
βλάπτουσ' ἀνθρώπους· αἱ δ' ἐξακέονται ὀπίσσω.
Ὅς μέν τ' αἰδέσεται κούρας Διὸς ἆσσον ἰούσας,

les dieux ne m'avaient pas accordé un rejeton de ma race, je pourrais du moins t'adopter pour mon fils, Achille égal aux dieux, et que
tu me garantirais d'une destinée cruelle! Achille, maîtrise l'orgueil
de ton cœur, et ne te montre pas impitoyable : les dieux eux-mêmes
se laissent fléchir; et pourtant ils sont plus puissants et plus forts.
Eh bien, par des sacrifices et par d'humbles prières, avec les libations
et la graisse des victimes, les hommes parviennent à les apaiser en
les implorant, quand ils les ont offensés, et qu'ils sont coupables. Les
Prières sont filles du grand Jupiter : boiteuses, ridées, le regard
baissé, elles suivent avec inquiétude la Faute, qui marche d'un pas
agile et rapide. Aussi les devance-t-elle de beaucoup, et parcourt-elle
toute la terre pour le malheur des hommes. Les Prières viennent der-
rière elle pour y remédier. Celui qui les respecte, ces filles de Jupi-

φρονέων τὰ,	pensant ces choses,
ὃ θεοὶ	*à savoir* que les dieux
οὔτι ἐξετέλειόν μοι	n'accomplissaient nullement à moi
γόνον ἐξ ἐμεῦ ·	une postérité *venue* de moi ;
ἀλλὰ ποιεύμην σε παῖδα,	mais je faisais toi enfant *pour moi*,
Ἀχιλλεῦ ἐπιείκελε θεοῖς,	Achille égal aux dieux,
ἵνα ποτὲ ἀμύνῃς μοι	afin que un jour tu écartasses de moi
λοιγὸν ἀεικέα.	une calamité indigne.
Ἀλλὰ, Ἀχιλεῦ,	Mais, Achille,
δάμασον θυμὸν μέγαν ·	dompte *ton* cœur grand ;
οὐδέ ·τι χρή	et il ne faut nullement
σε ἔχειν ἦτορ νηλεές ·	toi avoir un cœur impitoyable ;
θεοὶ δέ τε καὶ αὐτοὶ	mais et les dieux eux-mêmes aussi
στρεπτοί,	*sont* susceptibles-d'être-ramenés,
τῶνπερ καὶ ἀρετὴ μείζων	*eux* dont et la vertu *est* plus grande
τιμή τε βίη τε.	ainsi-que l'honneur et la force.
Καὶ μὲν ἄνθρωποι λισσόμενοι	Et à la vérité les hommes suppliant
παρατρωπῶσι τοὺς θυέεσσι	fléchissent eux par des sacrifices
καὶ εὐχωλῇς ἀγανῇσι	et par des vœux aimables
λοιβῇ τε	et par les libations
κνίσσῃ τε,	et par la graisse *des victimes*,
ὅτε τίς	lorsque quelqu'un
κεν ὑπερβήῃ καὶ ἁμάρτῃ.	transgresse *leurs lois* et faillit.
Καὶ γάρ τε Λιταί	En effet les Prières
εἰσι κοῦραι Διὸς μεγάλοιο,	sont filles de Jupiter grand,
χωλαί τε ῥυσαί τε	et boiteuses et ridées
παραβλῶπές τε ὀφθαλμώ ·	et louches *quant* aux yeux ;
αἴ ῥά τε ἀλέγουσι	lesquelles certes ont-soin aussi
κιοῦσαι μετόπισθεν Ἄτης.	marchant par-derrière la Faute.
Ἡ δὲ Ἄτη σθεναρή τε	Mais la Faute *est* et robuste
καὶ ἀρτίπος ·	et agile-quant-aux-pieds ;
οὕνεκα ὑπεκπροθέει	c'est-pourquoi elle devance
πολλὸν πάσας,	de beaucoup toutes *les Prières*,
φθάνει δέ τε	et elle *les* prévient-en-courant
ἐπὶ πᾶσαν αἶαν,	par toute la terre,
βλάπτουσα ἀνθρώπους ·	nuisant aux hommes ;
αἱ δὲ ἐξακέονται ὀπίσσω.	et celles-ci guérissent derrière *elle*.
Ὅς μέν τε αἰδέσεται	Et celui-qui à la vérité respectera
κούρας Διὸς	les filles de Jupiter
ἰούσας ἄσσον,	allant plus près (approchant),

τὸν δὲ μέγ᾽ ὤνησαν, καί τ᾽ ἔκλυον εὐξαμένοιο·
ὃς δέ κ᾽ ἀνήνηται, καί τε στερεῶς ἀποείπῃ,   510
λίσσονται δ᾽ ἄρα ταίγε Δία Κρονίωνα κιοῦσαι
τῷ Ἄτην ἅμ᾽ ἕπεσθαι, ἵνα βλαφθεὶς ἀποτίσῃ.
Ἀλλ᾽, Ἀχιλεῦ, πόρε καὶ σὺ Διὸς κούρῃσιν ἕπεσθαι
τιμήν, ἥτ᾽ ἄλλων περ ἐπιγνάμπτει νόον ἐσθλῶν.
Εἰ μὲν γὰρ μὴ δῶρα φέροι, τὰ δ᾽ ὄπισθ᾽ ὀνομάζοι   515
Ἀτρείδης, ἀλλ᾽ αἰὲν ἐπιζαφελῶς χαλεπαίνοι,
οὐκ ἂν ἔγωγέ σε, μῆνιν ἀπορρίψαντα, κελοίμην
Ἀργείοισιν ἀμυνέμεναι, χατέουσί περ ἔμπης·
νῦν δ᾽ ἅμα τ᾽ αὐτίκα πολλὰ διδοῖ, τὰ δ᾽ ὄπισθεν ὑπέστη,
ἄνδρας δὲ λίσσεσθαι ἐπιπροέηκεν ἀρίστους,   520
κρινάμενος κατὰ λαὸν Ἀχαιϊκόν, οἵτε σοὶ αὐτῷ
φίλτατοι Ἀργείων· τῶν μὴ σύγε μῦθον ἐλέγξῃς,
μηδὲ πόδας· πρὶν δ᾽ οὔτι νεμεσσητὸν κεχολῶσθαι.

ter, quand elles viennent le visiter, en reçoit un puissant secours, et elles exaucent ses vœux. Mais si quelqu'un les repousse, et leur oppose un refus obstiné, elles s'en vont supplier Jupiter, fils de Saturne, d'attacher la Faute à ses pas, et de les venger en le punissant. Achille, accorde donc aux filles de Jupiter cet hommage, que ne leur refuse pas le cœur des plus vaillants héros. Si le fils d'Atrée ne t'offrait pas des présents, s'il ne t'en promettait pas d'autres encore, et qu'il se montrât toujours irrité, je serais loin moi-même de t'engager à oublier ta colère et à secourir les Grecs, malgré leur détresse. Mais il te propose aujourd'hui de te donner de grands biens; il t'en promet encore pour l'avenir, et il envoie pour t'implorer les chefs les plus illustres, qu'il a choisis dans l'armée, et qui sont de tous les Grecs les plus chers à ton cœur! Ne méprise pas leurs instances, et ne rends pas leur démarche inutile. Jusqu'à présent ton courroux fut excusa-

ὤνησαν δὲ μέγα τὸν,	et elles servent beaucoup lui,
καί τε ἔκλυον εὐξαμένοιο·	et elles exaucent *lui* priant;
ὅς δέ κεν ἀνήνηται	mais celui-qui *les* repousse
καί τε ἀποείπῃ στερεῶς,	et refuse opiniâtrement,
ταίγε δὲ ἄρα λίσσονται,	et celles-ci certes demandent,
κιοῦσαι Δία Κρονίωνα,	abordant Jupiter fils-de-Saturne,
Ἄτην ἕπεσθαι τῷ ἅμα,	la faute suivre lui en-même-temps,
ἵνα βλαφθεὶς	afin que éprouvant-du-dommage
ἀποτίσῃ.	il paie *le châtiment de son crime.*
Ἀλλὰ, Ἀχιλεῦ, καὶ σὺ	Mais, Achille, toi aussi
πόρε τιμὴν ἕπεσθαι	permets l'hommage suivre
κούρῃσι Διὸς,	les filles de Jupiter,
ἥτε ἐπιγνάμπτει	lequel *hommage* fléchit
νόον ἄλλων	l'esprit de *bien* d'autres
ἐσθλῶν περ.	quoique *étant* vaillants.
Εἰ μὲν γὰρ Ἀτρείδης	Car à la vérité si le fils-d'Atrée
μὴ φέροι δῶρα,	ne *t'*offrait pas des présents,
ὀνομάζοι δὲ	et *ne te* nommait *pas*
τὰ ὄπισθεν,	ceux-que *il veut te faire* plus-tard,
ἀλλὰ χαλεπαίνοι αἰὲν	mais *qu'*il fût-irrité toujours
ἐπιζαφελῶς,	très-vivement,
ἔγωγε οὐκ ἂν κελοίμην	quant-à-moi je n'ordonnerais pas
σε ἀπορρίψαντα μῆνιν	toi ayant rejeté *ton* ressentiment
ἀμυνέμεναι Ἀργείοισι,	porter-secours aux Argiens,
χατέουσί περ ἔμπης·	quoique *en* ayant-besoin tout-à-fait;
νῦν δὲ διδοῖ τε ἅμα	mais à présent et il donne ensemble
πολλὰ αὐτίκα,	beaucoup-de-choses sur-le-champ,
ὑπέστη δὲ	et il a promis
τὰ ὄπισθεν,	celles-que *il te donnera* plus-tard,
ἐπιπροέηκε δὲ	et il a envoyé-en-avant
ἄνδρας ἀρίστους λίσσεσθαι,	des hommes excellents *te* supplier,
κρινάμενος	*les* ayant choisis
κατὰ λαὸν Ἀχαιϊκὸν,	dans l'armée Achéenne,
οἵτε Ἀργείων	et qui des Argiens
φίλτατοί σοι αὐτῷ·	*sont* les-plus-chers à toi même:
σύγε μὴ ἐλέγξῃς	toi-du-moins ne confonds pas
μῦθον τῶν,	le discours d'eux,
μηδὲ πόδας·	ni *leurs* pieds (leur démarche);
κεχολῶσθαι δὲ πρὶν	or *t'*être irrité auparavant
οὔτι νεμεσσητόν.	n'*est* nullement répréhensible.

Οὕτω καὶ τῶν πρόσθεν ἐπευθόμεθα κλέα ἀνδρῶν
ἡρώων, ὅτε κέν τιν' ἐπιζάφελος χόλος ἵκοι ·   525
δωρητοί τε πέλοντο, παράρρητοί τ' ἐπέεσσι.
Μέμνημαι τόδε ἔργον ἐγὼ πάλαι, οὔτι νέον γε,
ὡς ἦν· ἐν δ' ὑμῖν ἐρέω πάντεσσι φίλοισι.

    « Κουρῆτές τ' ἐμάχοντο καὶ Αἰτωλοὶ μενεχάρμαι
ἀμφὶ πόλιν Καλυδῶνα, καὶ ἀλλήλους ἐνάριζον ·   530
Αἰτωλοὶ μὲν, ἀμυνόμενοι Καλυδῶνος ἐρ“ννῆς·
Κουρῆτες δὲ, διαπραθέειν μεμαῶτες Ἄρηϊ.
Καὶ γὰρ τοῖσι κακὸν χρυσόθρονος Ἄρτεμις ὦρσε,
χωσαμένη ὅ, οἱ οὔτι θαλύσια γουνῷ ἀλωῆς
Οἰνεὺς ῥέξ'· ἄλλοι δὲ θεοὶ δαίνυνθ' ἑκατόμβας ¹,   535
οἴη δ' οὐκ ἔρρεξε Διὸς κούρῃ μεγάλοιο,
ἢ λάθετ', ἢ οὐκ ἐνόησεν· ἀάσατο δὲ μέγα θυμῷ.
Ἡ δὲ χολωσαμένη, δῖον γένος, Ἰοχέαιρα,

ble. Il est certains héros des temps passés dont nous entendons célé-
brer la gloire et qui cédèrent aussi à des sentiments de colère : mais
ils se laissaient désarmer par des présents, et fléchir par des prières.
Je me rappelle un exemple d'autrefois : ce n'est pas un fait nouveau ;
mais, tel qu'il s'est passé, je vais vous le raconter à vous tous, mes
amis. Les Curètes et les Étoliens belliqueux combattaient sous les
murs de la ville de Calydon et s'entr'égorgaient, les Étoliens défendant la belle Calydon, les Curètes brûlant de la ravager par la guerre.
C'était Diane, au trône d'or, qui leur avait envoyé ce fléau, irritée
contre OEnée qui ne lui avait pas offert les prémices de la moisson,
tandis qu'il avait immolé des hécatombes aux autres dieux. La fille
du grand Jupiter fut la seule à qui OEnée ne sacrifia pas, soit oubli,
soit négligence : fatale erreur ! Dans son dépit, la fille de Jupiter, au

Ἐπευθόμεθα οὕτω — Nous avons appris ainsi

κλέα ἀνδρῶν ἡρώων — la gloire des hommes héros

καὶ τῶν πρόσθεν, — même de ceux d'auparavant,

ὅτε χόλος ἐπιζάφελός — lorsque une colère violente

κεν ἵκοι τινά· — était venue à quelqu'un ;

πέλοντο δωρητοί τε — ils étaient et sensibles-aux-présents

παράρρητοί τε ἐπέεσσιν. — et faciles-à-persuader par les paroles.

Ἐγὼ μέμνημαι — Moi je me souviens

τόδε ἔργον πάλαι, — de ce fait d'autrefois,

οὔτι νέον γε, — qui n'est nullement nouveau certes,

ὡς ἦν· — comme il fut (tel qu'il se passa) :

ἐρέω δὲ ἐν ὑμῖν πάντεσσι φίλοισι. — or je le dirai parmi vous tous amis.

  « Κουρῆτές τε — « Et les Curètes,

καὶ Αἰτωλοὶ — et les Étoliens

μενεχάρμαι — qui-soutiennent-le-combat

ἐμάχοντο — combattaient

ἀμφὶ πόλιν — autour de la ville

Καλυδῶνα, — de Calydon,

καὶ ἐνάριζον ἀλλήλους· — et se tuaient les-uns-les-autres ;

Αἰτωλοὶ μὲν ἀμυνόμενοι — les Étoliens d'un-côté défendant

Καλυδῶνος ἐραννῆς, — Calydon aimable,

Κουρῆτες δὲ μεμαῶτες — les Curètes d'un-autre-côté brûlant

διαπραθέειν Ἄρηϊ. — de la ravager par la Guerre.

Καὶ γὰρ Ἄρτεμις χρυσόθρονος — Et en effet Diane au-trône-d'or

ὦρσε κακὸν τοῖσι, — souleva ce malheur à eux,

χωσαμένη, — s'étant irritée,

ὃ Οἰνεὺς — parce que OEnée

οὔτι ῥέξεν οἱ — ne sacrifia nullement à elle

θαλύσια — les prémices

γουνῷ ἀλωῆς· — sur le sol-fertile de la plaine ;

ἄλλοι δὲ θεοὶ — mais les autres dieux

δαίνυντο Ἑκατόμβας, — se partagèrent les Hécatombes,

οὐκ ἔρρεξε δὲ — mais il ne sacrifia pas

κούρῃ οἴη Διὸς μεγάλοιο, — à la fille seule de Jupiter grand,

ἢ λάθετο, — soit qu'il l'oublia,

ἢ οὐκ ἐνόησεν· — soit qu'il n'y songea pas ;

ἀάσατο δὲ μέγα θυμῷ. — et il pécha grandement par le cœur.

Ἡ δὲ Ἰοχέαιρα, — Or la déesse fière-de-ses-flèches,

γένος δῖον, — race divine,

χολωσαμένη, — s'étant irritée,

ὦρσεν ἔπι χλούνην σῦν ἄγριον, ἀργιόδοντα,
ὃς κακὰ πόλλ' ἔρδεσκεν ἔθων Οἰνῆος ἀλωήν·   540
πολλὰ δ' ὅγε προθέλυμνα χαμαὶ βάλε δένδρεα μακρὰ
αὐτῇσιν ῥίζῃσι καὶ αὐτοῖς ἄνθεσι μήλων.
Τὸν δ' υἱὸς Οἰνῆος ἀπέκτεινεν Μελέαγρος,
πολλέων ἐκ πολίων θηρήτορας ἄνδρας ἀγείρας
καὶ κύνας· οὐ μὲν γάρ κ' ἐδάμη παύροισι βροτοῖσι,   54!
τόσσος ἔην, πολλοὺς δὲ πυρῆς ἐπέβησ' ἀλεγεινῆς.
Ἡ δ' ἀμφ' αὐτῷ θῆκε πολὺν κέλαδον καὶ αὐτήν,
ἀμφὶ συὸς κεφαλῇ καὶ δέρματι λαχνήεντι,
Κουρήτων τε μεσηγὺ καὶ Αἰτωλῶν μεγαθύμων.
Ὄφρα μὲν οὖν Μελέαγρος Ἀρηΐφιλος πολέμιζε,   550
τόφρα δὲ Κουρήτεσσι κακῶς ἦν, οὐδ' ἐδύναντο
τείχεος ἔκτοσθεν μίμνειν, πολέες περ ἐόντες.
Ἀλλ' ὅτε δὴ Μελέαγρον ἔδυ χόλος, ὅστε καὶ ἄλλων
οἰδάνει ἐν στήθεσσι νόον πύκα περ φρονεόντων·

brillant carquois, suscita un sanglier sauvage aux blanches défenses,
qui commit les plus grands dégâts sur les terres d'OEnée, et renversa
sur le sol les grands arbres avec leurs racines, leurs fleurs et leurs
fruits. Le fils d'OEnée, Méléagre, le tua, en appelant à lui des villes
voisines de nombreux chasseurs avec leurs chiens ; car il fallait beaucoup de monde pour dompter ce terrible animal. Il était énorme, et
il fit monter bien des guerriers sur le bûcher funèbre. Alors Diane
suscita une grande querelle à Méléagre au sujet de la hure et de la
dépouille hérissée du sanglier, et la guerre s'alluma entre les Curètes
et les magnanimes Étoliens. Tant que Méléagre, ami de Mars, prit part
au combat, les Curètes furent maltraités, et ils ne purent se maintenir
en dehors des murs, malgré leur nombre. Mais lorsque Méléagre se
laissa emporter à la colère, qui enfle quelquefois le cœur des plus sa-

ἔπωρσε σῦν ἄργιον	suscita un porc sauvage
χλούνην,	couchant-sur-l'herbe,
ἀργιόδοντα,	aux-dents-blanches,
ὃς ἔρδεσκε πολλὰ κακὰ	qui faisait beaucoup de maux
ἔθων ἀλωὴν Οἰνῆος·	fréquentant le champ d'OEnée ;
ὅγε δὲ βάλε χαμαὶ	celui-ci jetait par-terre
δένδρεα μακρὰ	des arbres grands
πολλὰ προθέλυμνα,	nombreux les-uns-sur-les-autres,
ῥίζησιν αὐτῇσι	*avec* les racines mêmes
καὶ ἄνθεσιν αὐτοῖς μήλων.	et les fleurs mêmes des fruits.
Μελέαγρος δὲ, υἱὸς Οἰνῆος,	Or Méléagre, fils d'OEnée,
ἀπέκτεινε τὸν,	tua le *sanglier*,
ἀγείρας ἐκ πολίων πολλέων	ayant réuni de villes nombreuses
ἄνδρας θηρήτορας καὶ κύνας·	des hommes chasseurs et des chiens;
οὐ μὲν γάρ κεν ἐδάμη	car il n'eût pas été dompté
βροτοῖσι παύροισιν·	par des mortels peu-nombreux :
ἔην τόσσος,	il était si grand,
ἐπέβησε δὲ πολλοὺς	et il fit-monter beaucoup *d'hommes*
πυρῆς ἀλγεινῆς.	sur le bûcher douloureux.
Ἡ δὲ θῆκεν	Mais elle (Diane) mit
ἀμφὶς αὐτῷ	autour de lui (Méléagre)
πολὺν κέλαδον	un grand tumulte
καὶ αὐτὴν	et une *grande* mêlée
ἀμφὶ κεφαλῇ συὸς	au-sujet-de la tête du sanglier
καὶ δέρματι λαχνήεντι,	et de *sa* peau hérissée-de-soies,
μεσηγὺ Κουρήτων τε	au milieu et des Curètes
καὶ Αἰτωλῶν μεγαθύμων.	et des Étoliens magnanimes.
Ὄφρα μὲν οὖν	Tant-que à la vérité donc
Μελέαγρος Ἀρηΐφιλος	Méléagre ami-de-Mars
πολέμιζε,	fit-la-guerre,
τόφρα δὲ ἦν κακῶς	aussi-longtemps *cela* fut mal
Κουρήτεσσιν·	pour les Curètes ;
οὐδὲ ἐδύναντο μίμνειν	et ils ne pouvaient pas rester
ἔκτοσθεν τείχεος,	en-dehors du mur (de la ville),
ἐόντες περ πολέες.	quoique étant nombreux.
Ἀλλὰ ὅτε δὴ χόλος	Mais lorsque certes la colère
ἔδυ Μελέαγρον,	pénétra Méléagre,
ὅστε οἰδάνει ἐν στήθεσσι	laquelle enfle dans la poitrine
νόον καὶ ἄλλων	l'esprit même d'autres
φρονεόντων περ πύκα·	pensant pourtant sagement ;

ἤτοι ὁ, μητρὶ φίλῃ Ἀλθαίῃ χωόμενος κῆρ,   555
κεῖτο παρὰ μνηστῇ ἀλόχῳ, καλῇ Κλεοπάτρῃ,
κούρῃ Μαρπήσσης καλλισφύρου Εὐηνίνης
Ἰδεώ θ', ὃς κάρτιστος ἐπιχθονίων γένετ' ἀνδρῶν
τῶν τότε, καί ῥα ἄνακτος ἐναντίον εἵλετο τόξον
Φοίβου Ἀπόλλωνος, καλλισφύρου εἵνεκα νύμφης· 560
τὴν δὲ τότ' ἐν μεγάροισι πατὴρ καὶ πότνια μήτηρ
Ἀλκυόνην καλέεσκον ἐπώνυμον, οὕνεκ' ἄρ' αὐτῆς
μήτηρ, Ἀλκυόνος πολυπενθέος οἶτον ἔχουσα,
κλαῖ', ὅτε μιν ἑκάεργος ἀνήρπασε Φοῖβος Ἀπόλλων ¹ ·
τῇ ὅγε παρκατέλεκτο, χόλον θυμαλγέα πέσσων, 565
ἐξ ἀρέων μητρὸς κεχολωμένος, ἥ ῥα θεοῖσι
πόλλ' ἀχέουσ' ἠρᾶτο κασιγνήτοιο φόνοιο ·
πολλὰ δὲ καὶ γαῖαν πολυφόρβην χερσὶν ἀλοία,
κικλήσκουσ' Ἀΐδην καὶ ἐπαινὴν Περσεφόνειαν,
πρόχνυ καθεζομένη (δεύοντο δὲ δάκρυσι κόλποι), 570

ges, lorsqu'il s'irrita contre sa mère Althée, il se retira auprès de son
épouse bien aimée, la belle Cléopâtre, la fille de Marpessa aux beaux
pieds, qui avait Événus pour père, et d'Idas, le plus valeureux des
hommes qui fût alors sur la terre, qui osa s'armer de l'arc contre Phébus Apollon, pour lui disputer la jeune fille aux beaux pieds. Cléopâtre était appelée alors Alcyoné dans le palais de son père, parce que
sa mère avait éprouvé le triste sort d'Alcyon, et qu'elle avait bien
pleuré, quand Phébus Apollon, qui lance au loin les traits, l'avait ravie. Méléagre reposait aux côtés de Cléopâtre, dévorant le cuisant
chagrin que lui causait sa mère, qui, dans sa douleur, l'avait maudit
et demandait aux dieux vengeance pour le sang fraternel. Elle frap-
pait de ses mains le sein fécond de la terre, invoquant à genoux Pluton et la terrible Proserpine, à qui elle demandait, le sein baigné de

ἤτοι ὁ χωόμενος κῆρ	certes lui irrité *dans son* cœur
Ἀλθαίῃ φίλῃ μητρὶ,	contre Althée sa mère,
κεῖτο παρὰ	reposait auprès
ἀλόχῳ μνηστῇ,	de *son* épouse légitime,
καλῇ Κλεοπάτρῃ,	la belle Cléopâtre,
κούρῃ Μαρπήσσης καλλισφύρου	fille de Marpessa aux-beaux-talons.
Εὐηνίνης,	fille-d'Événus,
Ἴδεώ τε,	et d'Idas,
ὃς γένετο κάρτιστος ἀνδρῶν	qui fut le plus fort des hommes
ἐπιχθονίων	*habitant*-sur-la-terre
τῶν τότε,	de ceux d'alors,
καί ῥα εἵλετο τόξον	et certes il prit *son* arc
ἐναντίον Φοίβου Ἀπόλλωνος	contre Phébus Apollon
εἵνεκα νύμφης	à cause de la jeune-fille
καλλισφύρου·	aux-beaux-talons;
πατὴρ δὲ καὶ μήτηρ πότνια	et *son* père et *sa* mère vénérable
καλέεσκον τότε	appelaient alors
ἐν μεγάροισι	dans *leur* palais
τὴν ἐπώνυμον Ἀλκυόνην,	elle surnommée Alcyoné,
οὕνεκα ἄρα μήτηρ αὐτῆς	parce que certes la mère d'elle
ἔχουσα οἶτον	ayant le destin
Ἀλκυόνος πολυπενθέος,	d'Alcyon à-la-grande-douleur,
κλαῖεν,	criait-en-pleurant,
ὅτε Φοῖβος Ἀπόλλων	lorsque Phébus Apollon
ἑκάεργος,	qui-lance-au-loin *les traits*
ἀνήρπασέ μιν·	ravit elle;
ὅγε παρκατέλεκτο τῇ,	celui-ci était-couché-auprès d'elle,
πέσσων χόλον θυμαλγέα,	digérant *sa* colère pénible-au-cœur,
κεχολωμένος	étant irrité
ἐξ ἀρέων μητρὸς,	à cause des imprécations de *sa* mère,
ἥ ῥα ἀχέουσα πολλὰ	qui certes affligée beaucoup
ἠρᾶτο θεοῖσι	priait les dieux
φόνοιο κασιγνήτοιο·	*à cause* du meurtre fraternel;
ἀλοία δὲ καὶ	et elle frappait aussi
πολλὰ χερσὶ	beaucoup avec les mains
γαῖαν πολυφόρβην,	la terre très-fertile,
κικλήσκουσα Ἀΐδην	invoquant Pluton (le priant)
καὶ Περσεφόνειαν ἐπαινὴν,	et Proserpine terrible,
καθεζομένη πρόχνυ,	s'asseyant (se mettant) à genoux,
κόλποι δὲ δεύοντο δάκρυσι,	et *son* sein était mouillé de pleurs,

παιδὶ δόμεν θάνατον· τῆς δ' ἠεροφοῖτις Ἐρινννὺς
ἔκλυεν ἐξ Ἐρέβευσφιν, ἀμείλιχον ἦτορ ἔχουσα·
τῶν δὲ τάχ' ἀμφὶ πύλας ὅμαδος καὶ δοῦπος ὀρώρει,
πύργων βαλλομένων· τὸν δὲ λίσσοντο γέροντες
Αἰτωλῶν (πέμπον δὲ θεῶν ἱερῆας ἀρίστους)   575
ἐξελθεῖν καὶ ἀμῦναι, ὑποσχόμενοι μέγα δῶρον·
ὁππόθι πιότατον πεδίον Καλυδῶνος ἐραννῆς,
ἔνθα μιν ἤνωγον τέμενος περικαλλὲς ἑλέσθαι,
πεντηκοντόγυον· τὸ μὲν ἥμισυ, οἰνοπέδοιο,
ἥμισυ δὲ, ψιλὴν ἄροσιν πεδίοιο ταμέσθαι.   580
Πολλὰ δέ μιν λιτάνευε γέρων ἱππηλάτα Οἰνεὺς,
οὐδοῦ ἐπεμβεβαὼς ὑψηρεφέος θαλάμοιο,
σείων κολλητὰς σανίδας, γουνούμενος υἱόν·
πολλὰ δὲ τόνγε κασίγνηται καὶ πότνια μήτηρ
ἐλλίσσονθ'· ὁ δὲ μᾶλλον ἀναίνετο· πολλὰ δ' ἑταῖροι   585
οἵ οἱ κεδνότατοι καὶ φίλτατοι ἦσαν ἁπάντων·
ἀλλ' οὐδ' ὣς τοῦ θυμὸν ἐνὶ στήθεσσιν ἔπειθον,

larmes, la mort pour son fils. Elle fut entendue du fond de l'Érèbe par
l'infernale Erinnys, au cœur implacable. Bientôt le tumulte et le bruit
des armes assiégent la ville, dont l'ennemi bat les tours. Les vieillards
d'Étolie implorent Méléagre, et lui envoient les prêtres sacrés des
dieux, pour le supplier de venir à leur secours, en lui promettant de
grandes récompenses. On lui dit de choisir le territoire le plus riche
de la belle Calydon et d'y prendre pour lui un espace de cinquante
arpents, moitié vignes et moitié champs. Le vieil OEnée, habile à conduire des coursiers, debout, sur le seuil de sa chambre au toit élevé,
dont il ébranle la porte solide, implore son fils à genoux. Ses sœurs
et sa mère vénérable l'implorent à leur tour ; mais il refuse plus obs-
tinément encore ; il repousse les prières de ses meilleurs, de ses plus
chers amis. Rien ne peut apaiser le ressentiment de son cœur, jusqu'à

δόμεν θάνατον παιδί ·	de donner la mort à *son* enfant ;
Ἐρινννὺς δὲ ἠεροφοῖτις	or Erinuys habitante-des-ténèbres
ἔχουσα ἦτορ ἀμείλιχον	ayant un cœur inflexible
ἔκλυε τῆς ἐξ Ἐρέβευσφιν ·	entendit elle de l'Érèbe :
ὅμαδος δὲ τῶν	or le tumulte d'eux
καὶ δοῦπος ὀρώρει τάχα	et le bruit s'éleva bientôt
ἀμφὶ πύλας,	autour des portes,
πύργων βαλλομένων ·	les tours étant battues ;
γέροντες δὲ Αἰτωλῶν	et les vieillards des Étoliens
λίσσοντο τὸν,	suppliaient lui,
πέμπον δὲ	et *lui* envoyaient
ἱερῆας ἀρίστους θεῶν,	les prêtres excellents des dieux ,
ἐξελθεῖν καὶ ἀμῦναι,	*le prier* de sortir et de *les* défendre,
ὑποσχόμενοι δῶρον μέγα ·	*lui* promettant un présent grand ;
ὁππόθι πεδίον πιότατον	où *était* le terrain le plus gras
Καλυδῶνος ἐραννῆς ,	de Calydon aimable ,
ἔνθα ἤνωγόν μιν ἑλέσθαι	là ils ordonnèrent lui se choisir
τέμενος περικαλλὲς	une pièce-de-terre très-belle
πεντηκοντόγυον ·	de-cinquante-arpents ;
ταμέσθαι	*et* se couper (se faire une part)
τὸ μὲν ἥμισυ οἰνοπέδοιο,	moitié d'abord de champ-de-vignes,
ἥμισυ δὲ ἄροσιν ψιλὴν	moitié ensuite sol nu
πεδίοιο.	de la plaine.
Οἰνεὺς δὲ γέρων	Or OEnée vieillard
ἱππηλάτα	habile-à-conduire-les-chevaux
λιτάνευέ μιν πολλὰ,	priait lui beaucoup ,
ἐπεμβεβαὼς οὐδοῦ	étant monté-sur le seuil
θαλάμοιο ὑψηρεφέος ,	de *sa* chambre au-toit-élevé,
σείων σανίδας	ébranlant les planches
κολλητὰς ,	collées *entre elles* (la porte) ,
γουνούμενος υἱόν ·	s'agenouillant *devant son* fils ;
κασίγνηται δὲ καὶ μήτηρ πότνια	et *ses* sœurs et *sa* mère vénérable
ἐλλίσσοντο πολλὰ τόνγε ·	suppliaient beaucoup lui-pourtant :
ὁ δὲ ἀναίνετο μᾶλλον ·	mais lui , il refusait davantage ;
ἑταῖροι δὲ	et *ses* compagnons
πολλὰ,	*le priaient* beaucoup ,
οἳ ἦσάν οἱ κεδνότατοι	*ceux* qui étaient à lui les plus fidèles
καὶ φίλτατοι ἁπάντων ·	et les plus chers de tous ; [ainsi
ἀλλὰ οὐδὲ ἔπειθον ὣς	mais ils ne persuadèrent pas même
θυμὸν τοῦ ἐνὶ στήθεσσι ,	le cœur de lui dans *sa* poitrine,

πρίν γ' ὅτε δὴ θάλαμος πύκα βάλλετο· τοὶ δ' ἐπὶ πύργων
βαῖνον Κουρῆτες, καὶ ἐνέπρηθον μέγα ἄστυ.
Καὶ τότε δὴ Μελέαγρον ἐΰζωνος παράκοιτις   590
λίσσετ' ὀδυρομένη, καί οἱ κατέλεξεν ἅπαντα
κήδε' ὅσ' ἀνθρώποισι πέλει, τῶν ἄστυ ἁλώῃ·
ἄνδρας μὲν κτείνουσι, πόλιν δέ τε πῦρ ἀμαθύνει,
τέκνα δέ τ' ἄλλοι ἄγουσι, βαθυζώνους τε γυναῖκας.
Τοῦ δ' ὠρίνετο θυμὸς ἀκούοντος κακὰ ἔργα·   595
βῆ δ' ἰέναι, χροῒ δ' ἔντε' ἐδύσατο παμφανόωντα.
Ὣς ὁ μὲν Αἰτωλοῖσιν ἀπήμυνεν κακὸν ἦμαρ,
εἴξας ᾧ θυμῷ· τῷ δ' οὐκέτι δῶρ' ἐτέλεσσαν
πολλά τε καὶ χαρίεντα, κακὸν δ' ἤμυνε καὶ οὕτως.

« Ἀλλὰ σὺ μή τοι ταῦτα νόει φρεσὶ, μηδέ σε δαίμων   600
ἐνταῦθα τρέψειε, φίλος· κάκιον δέ κεν εἴη
νηυσὶν καιομένῃσιν ἀμυνέμεν· ἀλλ' ἐπὶ δώροις
ἔρχεο· ἶσον γάρ σε θεῷ τίσουσιν Ἀχαιοί.

ce que l'ennemi batte les murs de son appartement. Déjà les Curètes
escaladaient les tours et incendiaient la grande ville. Alors Méléagre
voit son épouse à la belle ceinture, qui l'implore en fondant en larmes, et qui lui fait le tableau de tous les malheurs réservés aux habi-
tans d'une ville prise : les hommes massacrés; la ville en proie aux
flammes ; les enfants emmenés par des étrangers, ainsi que les femmes à la belle ceinture. Son cœur s'émut au récit de tant de maux.
C'est alors qu'il se lève et qu'il revêt ses armes brillantes. Emporté
par son courage, il sauva les Étoliens d'une perte certaine. Il n'obtint
pas les riches et magnifiques présents qu'on lui avait proposés,
et cependant il avait éloigné le danger. Mais toi, garde-toi d'agir
comme lui; sois mieux inspiré, ami! Quel malheur, si tu attendais,
pour les défendre, que nos vaisseaux fussent incendiés! Viens ; les
récompenses ne te manqueront pas, et les Grecs t'honoreront à l'égal

πρίν γε ὅτε δὴ	avant du-moins que certes
θάλαμος βάλλετο πύκα ·	sa chambre ne fût battue fortement ;
τοὶ δὲ Κουρῆτες	mais les Curètes
βαῖνον ἐπὶ πύργων,	montaient sur les tours,
καὶ ἐνέπρηθον ἄστυ μέγα.	et incendiaient la ville grande.
Καὶ τότε δὴ	Et alors certes
παράκοιτις ἐύζωνος	son épouse à-la-belle-ceinture
ὀδυρομένη λίσσετο Μελέαγρον,	se lamentant suppliait Méléagre,
καὶ κατέλεξέν οἱ	et disait-en-détail à lui
ἅπαντα κήδεα,	toutes les peines,
ὅσα πέλει ἀνθρώποισι,	qui arrivent aux hommes,
τῶν ἄστυ ἁλώῃ ·	dont la ville a été prise :
κτείνουσι μὲν ἄνδρας,	et l'on tue les hommes,
πῦρ δέ τε ἀμαθύνει πόλιν,	et le feu réduit-en-cendres la ville,
ἄλλοι δὲ ἄγουσι τέκνα τε	et d'autres emmènent et les enfants
γυναῖκάς τε βαθυζώνους.	et les femmes à-la-large-ceinture.
Θυμὸς δὲ τοῦ	Or le cœur de lui
ἀκούοντος ἔργα κακὰ	entendant ces œuvres funestes
ὠρίνετο ·	fut ému :
βῆ δὲ ἰέναι,	et il partit pour aller au combat,
ἐδύσατο δὲ χροῒ	et revêtit sur son corps
ἔντεα παμφανόωντα.	ses armes toutes-brillantes.
Ὁ μὲν ἀπήμυνεν ὣς Αἰτωλοῖσιν	Celui-ci repoussa ainsi des Étoliens
ἦμαρ κακὸν	le jour funeste
εἴξας ᾧ θυμῷ ·	ayant cédé à son cœur ;
οὐκέτι δὲ ἐτέλεσσαν τῷ	mais ils n'accomplirent pas à lui
δῶρα πολλὰ	les présents nombreux
καὶ χαρίεντα,	et agréables,
ἤμυνε δὲ καὶ οὕτως	et il avait écarté pourtant ainsi
κακόν.	le malheur.
« Ἀλλὰ σὺ μὴ νόει τοι	« Mais toi ne conçois pas certes
ταῦτα φρεσὶ,	ces sentiments dans ton esprit,
δαίμων δὲ	et qu'une divinité
μὴ τρέψειέ σε ἐνταῦθα,	ne tourne pas toi de-ce-côté,
φίλος ·	ô mon ami ;
εἴη δέ κε κάκιον ἀμυνέμεν	et il serait pire de porter-secours
νηυσὶ καιομένῃσιν ·	à nos vaisseaux incendiés ;
ἀλλὰ ἔρχεο ἐπὶ δώροις ·	mais viens pour des présents ;
Ἀχαιοὶ γὰρ τίσουσί σε	car les Achéens honoreront toi
ἶσον θεῷ.	à-l'égal d'un dieu.

Εἰ δέ κ' ἄτερ δώρων πόλεμον φθισήνορα δύῃς,
οὐκέθ' ὁμῶς τιμῆς ἔσεαι, πόλεμόν περ ἀλαλκών. »   605

   Τὸν δ' ἀπαμειβόμενος προσέφη πόδας ὠκὺς Ἀχιλλεύς·
« Φοῖνιξ, ἄττα γεραιὲ, Διοτρεφὲς, οὔτι με ταύτης
χρεὼ τιμῆς· φρονέω δὲ τετιμῆσθαι Διὸς αἴσῃ,
ἥ μ' ἕξει παρὰ νηυσὶ κορωνίσιν, εἰσόκ' ἀϋτμὴ
ἐν στήθεσσι μένῃ, καί μοι φίλα γούνατ' ὀρώρῃ.   610
Ἄλλο δέ τοι ἐρέω, σὺ δ' ἐνὶ φρεσὶ βάλλεο σῇσι·
μή μοι σύγχει θυμὸν ὀδυρόμενος καὶ ἀχεύων,
Ἀτρείδῃ ἥρωϊ φέρων χάριν· οὐδέ τί σε χρὴ
τὸν φιλέειν, ἵνα μή μοι ἀπέχθηαι φιλέοντι.
Καλόν τοι σὺν ἐμοὶ τὸν κήδειν ὅς κ' ἐμὲ κήδῃ.   615
Ἴσον ἐμοὶ βασίλευε, καὶ ἥμισυ μείρεο τιμῆς.
Οὗτοι δ' ἀγγελέουσι, σὺ δ' αὐτόθι λέξεο μίμνων
εὐνῇ ἔνι μαλακῇ· ἅμα δ' ἠοῖ φαινομένηφι
φρασσόμεθ' ἤ κε νεώμεθ' ἐφ' ἡμέτερ', ἤ κε μένωμεν. »

d'un dieu. Mais si tu repousses nos présents, et que tu viennes plus
tard affronter les périls de la guerre, n'espère plus les mêmes honneurs, dusses-tu triompher de l'ennemi ! »

Achille aux pieds légers, lui répondit : « Phénix, vénérable vieillard, fils de Jupiter, je n'ai pas besoin de tous ces honneurs. Je me
crois assez honoré par la protection de Jupiter, qui ne m'abandon-
nera pas sur mes vaisseaux recourbés, tant que le souffle de la vie
animera ma poitrine et que mes genoux pourront me porter. Mais il
est une chose que je veux te dire : grave bien mes paroles dans ton
âme. Ne trouble plus mon cœur par tes plaintes et tes larmes, qui
plaident en faveur du fils d'Atrée. Tu ne dois pas l'aimer, si tu ne
veux pas me devenir odieux, à moi, qui t'aime tant! Tu dois au
contraire détester avec moi celui qui m'offense. Règne donc avec moi,
et partage mes honneurs : ces guerriers iront porter au fils d'Atrée
ma réponse. Toi, reste ici, et repose sur une couche moelleuse; et
demain, au lever de l'aurore, nous délibérerons pour savoir si nous
devons retourner dans notre patrie ou demeurer sur ces bords. »

Εἰ δέ κε δύῃς
πόλεμον φθισήνορα
ἄτερ δώρων,
οὐκέτι ἔσεαι
ὁμῶς τιμῆς,
ἀλαλκών περ πόλεμον. »
  Ἀχιλλεὺς δὲ ὠκὺς πόδας
ἀπαμειβόμενος προσέφη τόν·
« Φοῖνιξ, ἄττα γεραιὲ,
Διοτρεφὲς,
χρεὼ οὔτι με
ταύτης τιμῆς·
φρονέω δὲ τετιμῆσθαι
αἴσῃ Διὸς,
ἢ ἕξει με
παρὰ νηυσὶ κορωνίσιν,
εἰσόκεν ἀῦτμὴ
μένῃ ἐν στήθεσσι,
καὶ φίλα γούνατα ὀρώρῃ μοι.
Ἐρέω δέ τοι ἄλλο,
σὺ δὲ βάλλεο ἐνὶ σῇσι φρεσί·
μὴ σύγχει μοι θυμὸν,
ὀδυρόμενος καὶ ἀχεύων,
φέρων χάριν ἥρωι Ἀτρείδῃ·
οὐδὲ χρή τί σε φιλέειν τὸν,
ἵνα μὴ ἀπέχθηαί
μοι φιλέοντι·
καλόν τοι
κήδειν σὺν ἐμοὶ
τὸν ὅς κε κήδῃ ἐμέ.
Βασίλευε ἶσον ἐμοὶ,
καὶ μείρεο ἥμισυ τιμῆς.
Οὗτοι δὲ ἀγγελέουσι,
σὺ δὲ λέξεο μίμνων αὐτόθι
ἐνὶ εὐνῇ μαλακῇ·
φρασσόμεθα δὲ
ἅμα ἠοῖ φαινομένηφιν
ἢ κε νεώμεθα
ἐπὶ ἡμέτερα,
ἢ κε μένωμεν. »

Mais si tu entreprends
la guerre qui-détruit-les-hommes
sans présents,
tu ne seras plus
également honoré,
quoique ayant repoussé la guerre. »
  Or Achille rapide *quant* aux pieds
répondant dit-à lui :
« Phénix, père vieux,
nourrisson-de-Jupiter,
besoin n'*est* nullement à moi
de cet honneur ;
et je pense avoir été honoré
par la volonté de Jupiter,
lequel *honneur* aura moi
près des vaisseaux recourbés,
tant-que le souffle
restera dans *ma* poitrine,
et *que* mes genoux remueront à moi.
Mais je dirai à toi autre-chose,
et toi, mets *cela* dans ton esprit :
ne confonds pas à moi le cœur,
te lamentant et te désolant,
portant plaisir au héros fils-d'Atrée ;
et il ne faut en rien toi aimer lui,
afin que tu ne sois pas odieux
à moi *t*'aimant :
il est beau à toi
d'affliger avec moi
celui qui afflige moi.
Règne à-l'égal de moi,
et partage la moitié de l'honneur.
Mais ceux-ci annonceront,
et toi couche-toi restant ici-même
dans un lit moelleux ;
et nous délibérerons
avec l'aurore paraissant
si nous nous en retournerons
vers nos *demeures*,
ou si nous resterons »

4.

Ἦ, καὶ Πατρόκλῳ ὅγ᾽ ἐπ᾽ ὀφρύσι νεῦσε σιωπῇ   620
Φοίνικι στορέσαι πυκινὸν λέχος, ὄφρα τάχιστα
ἐκ κλισίης νόστοιο μεδοίατο. Τοῖσι δ᾽ ἄρ᾽ Αἴας
ἀντίθεος Τελαμωνιάδης μετὰ μῦθον ἔειπε·

« Διογενὲς Λαερτιάδη, πολυμήχαν᾽ Ὀδυσσεῦ,
ἴομεν· οὐ γάρ μοι δοκέει μύθοιο τελευτὴ   625
τῇδέ γ᾽ ὁδῷ κρανέεσθαι· ἀπαγγεῖλαι δὲ τάχιστα
χρὴ μῦθον Δαναοῖσι, καὶ οὐκ ἀγαθόν περ ἐόντα,
οἵ που νῦν ἕαται ποτιδέγμενοι. Αὐτὰρ Ἀχιλλεὺς
ἄγριον ἐν στήθεσσι θέτο μεγαλήτορα θυμόν·
σχέτλιος, οὐδὲ μετατρέπεται φιλότητος ἑταίρων,   530
τῆς ᾗ μιν παρὰ νηυσὶν ἐτίομεν ἔξοχον ἄλλων·
νηλής! καὶ μέν τίς τε κασιγνήτοιο φονῆος
ποινὴν ἢ οὗ παιδὸς ἐδέξατο τεθνηῶτος·
καί ῥ᾽ ὁ μὲν ἐν δήμῳ μένει αὐτοῦ, πόλλ᾽ ἀποτίσας·

Il dit, et des yeux, en silence, il fit signe à Patrocle de préparer à
Phénix un bon lit, afin de hâter le départ des autres envoyés. Le divin Ajax, fils de Télamon, prit alors la parole :

« Divin fils de Laërte, prudent Ulysse, partons ! car je ne crois pas
que par cette voie nous puissions atteindre le but de nos efforts. Il
faut nous hâter de rapporter la réponse d'Achille, quoiqu'elle ne soit pas
favorable aux Grecs, qui l'attendent maintenant peut-être avec inquiétude. Mais Achille a dans la poitrine un cœur farouche et superbe.
Le cruel ! Il ne tient aucun compte de l'affection dont ses compagnons
l'honoraient pardessus tous les autres, au milieu de nos vaisseaux : il
est impitoyable ! Et cependant, on accepte bien quelquefois le prix du
sang d'un frère; on pardonne même le meurtre d'un fils ; et le meurtrier
reste au milieu de ses concitoyens, après avoir racheté son crime au

Ἦ, καὶ ὅγε	Il dit, et celui-ci
ἐπένευσε Πατρόκλῳ	fit-signe à Patrocle
ὀφρύσι σιωπῇ,	des sourcils en silence,
στορέσαι Φοίνικι	d'étendre pour Phénix
λέχος πυκινὸν,	un lit bien-garni,
ὄφρα μεδοίατο τάχιστα	afin que ils s'occupent aussitôt
νόστοιο ἐκ κλισίης.	de *leur* départ de la tente.
Αἴας δὲ ἄρα ἀντίθεος	Mais Ajax certes égal-à-un-dieu
Τελαμωνιάδης	fils-de-Télamon
μετέειπε τοῖσι μῦθον·	dit-parmi eux *ce* discours :
« Διογενὲς	« Nourrisson-de-Jupiter,
Λαερτιάδη,	fils-de-Laërte,
Ὀδυσσεῦ πολυμήχανε,	Ulysse fertile-en-expédients,
ἴομεν·	allons-nous-en ;
τελευτὴ γὰρ μύθοιο	car le but de *notre* discours
οὐ δοκέει μοι	ne paraît pas à moi
κρανέεσθαι	devoir être accompli
τῇδε ὁδῷ γε·	par cette voie du-moins ;
χρὴ δὲ τάχιστα	mais il faut au-plus-tôt
ἀπαγγεῖλαι μῦθον,	rapporter *ce* discours,
καίπερ οὐκ ἐόντα ἀγαθὸν,	quoique n'étant pas bon,
Δαναοῖσιν,	aux Grecs,
οἵ που νῦν	qui peut-être maintenant
ἔαται ποτιδέγμενοι.	sont-assis attendant.
Αὐτὰρ Ἀχιλλεὺς θέτο ἐν στήθεσσι	Mais Achille s'est mis dans la poitrine
θυμὸν μεγαλήτορα ἄγριον·	un cœur superbe farouche ;
σχέτλιος,	*il est* cruel,
οὐδὲ μετατρέπεται	et il ne tient-pas-compte
φιλότητος ἑταίρων,	de l'amitié de *ses* compagnons,
τῆς ᾗ	de celle par laquelle
ἐτίομέν μιν	nous honorions lui
ἔξοχον ἄλλων	au-dessus des autres
παρὰ νηυσί·	près de *nos* vaisseaux ;
νηλής !	impitoyable !
καὶ μέν τίς τε ἐδέξατο	et à la vérité on reçoit
ποινὴν φονῆος κασιγνήτοιο	l'expiation du meurtrier d'un frère
ἢ οὐ παιδὸς τεθνηῶτος·	ou de son fils mort ;
καί ῥα ὁ μὲν	et certes celui-ci (le meurtrier)
μένει αὐτοῦ ἐν δήμῳ	reste là-même dans le peuple,
ἀποτίσας πολλά·	ayant payé beaucoup ;

τοῦ δέ τ' ἐρητύεται κραδίη καὶ θυμὸς ἀγήνωρ,   635
ποινὴν δεξαμένου. Σοὶ δ' ἄλληκτόν τε κακόν τε
θυμὸν ἐνὶ στήθεσσι θεοὶ θέσαν, εἵνεκα κούρης
οἴης. Νῦν δέ τοι ἑπτὰ παρίσχομεν ἔξοχ' ἀρίστας,
ἄλλα τε πόλλ' ἐπὶ τῆσι· σὺ δ' ἵλαον ἔνθεο θυμὸν,
αἴδεσσαι δὲ μέλαθρον· ὑπωρόφιοι δέ τοί εἰμεν   640
πληθύος ἐκ Δαναῶν, μέμαμεν δέ τοι ἔξοχον ἄλλων
κήδιστοί τ' ἔμεναι καὶ φίλτατοι, ὅσσοι Ἀχαιοί. »

     Τὸν δ' ἀπαμειβόμενος προσέφη πόδας ὠκὺς Ἀχιλλεύς·
« Αἶαν Διογενές, Τελαμώνιε, κοίρανε λαῶν,
πάντα τί μοι κατὰ θυμὸν ἐείσω μυθήσασθαι·   645
ἀλλά μοι οἰδάνεται κραδίη χόλῳ, ὁππότ' ἐκείνων
μνήσομαι ὥς μ' ἀσύφηλον ἐν Ἀργείοισιν ἔρεξεν
Ἀτρείδης, ὡσεί τιν' ἀτίμητον μετανάστην.
Ἀλλ' ὑμεῖς ἔρχεσθε, καὶ ἀγγελίην ἀπόφασθε·
οὐ γὰρ πρὶν πολέμοιο μεδήσομαι αἱματόεντος,   650

prix de ses trésors, tandis que la colère s'éteint dans le cœur de l'offensé que des présents apaisent. Mais toi, les dieux t'ont mis dans l'âme un ressentiment implacable, quand il s'agit de cette jeune captive. Nous t'offrons maintenant sept captives parfaitement belles, et tant d'autres trésors avec elles! Cède à de meilleurs sentiments, et sache mieux honorer ta demeure par l'hospitalité. Nous venons du milieu des Grecs pour visiter ton toit, et nous sommes jaloux de rester tes amis les plus dévoués et les plus chers! »

Achille aux pieds légers lui répond : « Divin Ajax, fils de Télamon, souverain des peuples, tous tes discours me paraissent dictés par la raison ; mais mon cœur se gonfle de colère, quand je me rappelle les outrages que m'a fait subir parmi les Grecs le fils d'Atrée, qui m'a traité comme un misérable proscrit. Allez donc, et rapportez-lui ma réponse : je ne reparaîtrai pas dans la sanglante mêlée, avant que le

κραδίη δέ τε καὶ θυμὸς ἀγήνωρ | et le cœur et le ressentiment vif
τοῦ δεξαμένου ποινὴν | de celui ayant reçu l'expiation
ἐρητύεται. | s'apaise.
Θεοὶ δὲ θέσαν σοὶ | Mais les dieux ont mis à toi
ἐνὶ στήθεσσι | dans la poitrine
θυμὸν ἄλληκτόν τε κακόν τε | un cœur et inflexible et mauvais
εἵνεκα κούρης οἴης. | à cause d'une jeune-fille seule.
Νῦν δὲ | Mais maintenant
παρίσχομέν τοι | nous en offrons à toi
ἑπτὰ ἔξοχα ἀρίστας, | sept supérieurement excellentes,
πολλά τε ἄλλα | et beaucoup d'autres-choses
ἐπὶ τῇσι· | en-outre-de celles-ci ;
σὺ δὲ ἔνθεο θυμὸν ἵλαον, | mais toi mets-en-toi un cœur indul-
αἴδεσσαι δὲ μέλαθρον· | et respecte ta maison ;   [gent,
εἰμὲν δέ τοι | or nous sommes à toi
ὑπωρόφιοι | compagnons sous-le-même-toit
ἐκ πληθύος Δαναῶν, | venus de la foule des Grecs,
μέμαμεν δὲ ἔμεναί τοι | et nous nous efforçons d'être à toi
κήδιστοί τε καὶ φίλτατοι | et très-chers et très-aimés
ἔξοχον ἄλλων, | par-dessus les autres,
ὅσσοι Ἀχαιοί. » | autant-que nous sommes d'Achéens.»
Ἀχιλλεὺς δὲ ὠκὺς πόδας | Mais Achille rapide quant aux pieds,
ἀπαμειβόμενος προσέφη τόν· | répondant dit-à lui :
« Αἶαν Διογενές, | « Ajax fils-de-Jupiter,
Τελαμώνιε, | fils-de-Télamon,
κοίρανε λαῶν, | souverain des peuples,
ἐείσω μοί τι | tu as paru à moi en-quelque-chose
μυθήσασθαι πάντα κατὰ θυμόν· | avoir parlé en-tout selon ton cœur ;
ἀλλὰ κραδίη | mais le cœur
οἰδάνεταί μοι χόλῳ, | s'enfle à moi de colère,
ὁππότε μνήσομαι ἐκείνων, | lorsque je me rappelle ces choses,
ὡς Ἀτρείδης | comment le fils-d'Atrée
ἔρεξέ με ἀσύφηλον | a fait moi déshonoré
ἐν Ἀργείοισιν, | parmi les Argiens,
ὡσεί τινα μετανάστην | comme quelque émigré
ἀτίμητον. | sans-honneur.
Ἀλλὰ ὑμεῖς ἔρχεσθε, | Mais vous allez,
καὶ ἀπόφασθε ἀγγελίην· | et rapportez la nouvelle (ma réponse);
οὐ γὰρ μεδήσομαι πρὶν | car je ne songerai pas avant
πολέμοιο αἱματόεντος, | à la guerre sanglante,

πρίν γ' υἱὸν Πριάμοιο δαΐφρονος, Ἕκτορα δῖον,
Μυρμιδόνων ἐπί τε κλισίας καὶ νῆας ἱκέσθαι,
κτείνοντ' Ἀργείους, κατά τε σμῦξαι πυρὶ νῆας.
Ἀμφὶ δέ τοι τῇ ἐμῇ κλισίῃ καὶ νηῒ μελαίνῃ
Ἕκτορα, καὶ μεμαῶτα, μάχης σχήσεσθαι ὀΐω. »   655

    Ὣς ἔφαθ'· οἱ δὲ ἕκαστος ἑλὼν δέπας ἀμφικύπελλον,
σπείσαντες, παρὰ νῆας ἴσαν πάλιν· ἦρχε δ' Ὀδυσσεύς.
Πάτροκλος δ' ἑτάροισιν ἰδὲ δμωῇσι κέλευσε
Φοίνικι στορέσαι πυκινὸν λέχος ὅττι τάχιστα.
Αἱ δ' ἐπιπειθόμεναι στόρεσαν λέχος, ὡς ἐκέλευσε,   660
κώεά τε ῥῆγός τε, λίνοιό τε λεπτὸν ἄωτον.
Ἔνθ' ὁ γέρων κατέλεκτο, καὶ Ἠῶ δῖαν ἔμιμνεν.
Αὐτὰρ Ἀχιλλεὺς εὗδε μυχῷ κλισίης εὐπήκτου·
τῷ δ' ἄρα παρκατέλεκτο γυνὴ, τὴν Λεσβόθεν ἦγε,
Φόρβαντος θυγάτηρ, Διομήδη καλλιπάρῃος.   665
Πάτροκλος δ' ἑτέρωθεν ἐλέξατο· πὰρ δ' ἄρα καὶ τῷ

fils du belliqueux Priam, le divin Hector, ne parvienne jusqu'aux tentes et aux vaisseaux des Myrmidons, et ne se fasse un passage à travers les cadavres des Grecs pour incendier leurs navires ! Une fois qu'il sera près de ma tente et de mon vaisseau noir, j'espère bien que, malgré sa valeur, il se retirera du combat ! »

Il dit. Chacun prend une double coupe et fait des libations; puis les députés s'en retournent vers les vaisseaux : Ulysse les conduit. Alors Patrocle ordonne à ses compagnons et aux servantes de préparer au plus tôt un bon lit pour Phénix. On obéit à ses ordres, et l'on dresse un lit de peaux de brebis, de couvertures, et de lin précieux. C'est là que reposa le vieillard en attendant le retour de la divine Aurore. Achille se retira au fond de sa tente solidement fermée, et à ses côtés vint reposer une femme qu'il avait ramenée de Lesbos, la fille de Phorbas, Diomédé aux belles joues. Patrocle couchait à l'autre ex-

πρίν γε	avant du moins *que*
υἱὸν Πριάμοιο δαΐφρονος,	le fils de Priam belliqueux,
Ἕκτορα δῖον,	Hector divin,
ἱκέσθαι ἐπὶ κλισίας τε	être venu vers et les tentes
καὶ νῆας Μυρμιδόνων,	et les vaisseaux des Myrmidons,
κτείνοντα Ἀργείους,	tuant les Argiens,
κατασμύξαι τε	et avoir consumé
νῆας πυρί.	les vaisseaux par le feu.
Ὀίω δέ τοι Ἕκτορα,	Mais je pense certes Hector,
καὶ μεμαῶτα,	quoique bouillant-d'ardeur,
σχήσεσθαι μάχης	devoir s'abstenir du combat
ἀμφὶ τῇ κλισίῃ ἐμῇ	autour de la tente mienne
καὶ νηὶ μελαίνῃ. »	et de *mon* vaisseau noir. »
Ἔφατο ὥς·	Il parla ainsi ;
οἱ δὲ,	et ceux-ci,
ἕκαστος ἑλὼν	chacun ayant pris
δέπας ἀμφικύπελλον,	une coupe à-double-ouverture,
σπείσαντες,	ayant fait-des-libations,
ἴσαν πάλιν	allèrent de nouveau
παρὰ νῆας·	vers les vaisseaux ;
Ὀδυσσεὺς δὲ ἦρχε.	et Ulysse allait-en-avant.
Πάτροκλος δὲ κέλευσεν	Cependant Patrocle ordonna
ἑτάροισιν ἰδὲ δμωῇσι	à *ses* compagnons et aux servantes
στορέσαι ὅττι τάχιστα	d'étendre le plus-tôt-possible
λέχος πυκινὸν Φοίνικι.	un lit bien-garni pour Phénix.
Αἱ δὲ ἐπιπειθόμεναι	Celles-ci obéissant
στόρεσαν λέχος,	étendirent un lit,
ὡς ἐκέλευσε,	comme il avait ordonné,
κώεά τε ῥῆγός τε	et des toisons et une couverture
ἄωτόν τε λεπτὸν λίνοιο.	et la fleur fine du lin.
Ὁ γέρων κατέλεκτο ἔνθα,	Le vieillard se coucha là,
καὶ ἔμιμνεν Ἠῶ δῖαν.	et il attendait l'Aurore divine.
Αὐτὰρ Ἀχιλλεὺς εὗδε	Or Achille dormit
μυχῷ κλισίης εὐπήκτου·	dans le fond de *sa* tente bien-jointe ;
γυνὴ δὲ ἄρα,	et une femme certes,
τὴν ἦγε Λεσβόθεν,	laquelle il amena de-Lesbos,
Διομήδη καλλιπάρῃος,	Diomédé aux-belles-joues,
θυγάτηρ Φόρβαντος,	fille de Phorbas,
παρκατέλεκτο τῷ.	couchait-à-côté de lui.
Πάτροκλος δὲ ἐλέξατο ἑτέρωθεν·	Patrocle se coucha de l'autre côté ;

Ἶφις ἐΰζωνος, τήν οἱ πόρε δῖος Ἀχιλλεὺς,
Σκῦρον ἑλὼν αἰπεῖαν, Ἐνυῆος πτολίεθρον ¹.

Οἱ δ᾽ ὅτε δὴ κλισίῃσιν ἐν Ἀτρεΐδαο γένοντο,
τοὺς μὲν ἄρα χρυσέοισι κυπέλλοις υἷες Ἀχαιῶν   670
δειδέχατ᾽ ἄλλοθεν ἄλλος ἀνασταδὸν, ἔκ τ᾽ ἐρέοντο·
πρῶτος δ᾽ ἐξερέεινεν ἄναξ ἀνδρῶν Ἀγαμέμνων·

« Εἴπ᾽ ἄγε μ᾽, ὦ πολύαιν᾽ Ὀδυσεῦ, μέγα κῦδος Ἀχαιῶν·
ἦ ῥ᾽ ἐθέλει νήεσσιν ἀλεξέμεναι δήϊον πῦρ,
ἢ ἀπέειπε, χόλος δ᾽ ἔτ᾽ ἔχει μεγαλήτορα θυμόν; »   575
    Τὸν δ᾽ αὖτε προσέειπε πολύτλας δῖος Ὀδυσσεύς·
« Ἀτρεΐδη κύδιστε, ἄναξ ἀνδρῶν Ἀγάμεμνον,
κεῖνός γ᾽ οὐκ ἐθέλει σβέσσαι χόλον, ἀλλ᾽ ἔτι μᾶλλον
πιμπλάνεται μένεος· σὲ δ᾽ ἀναίνεται ἠδὲ σὰ δῶρα.
Αὐτόν σε φράζεσθαι ἐν Ἀργείοισιν ἄνωγεν   680
ὅππως κεν νῆάς τε σόῃς καὶ λαὸν Ἀχαιῶν·
αὐτὸς δ᾽ ἠπείλησεν, ἅμ᾽ ἠοῖ φαινομένηφι,

trémité : à ses côtés dormait Iphis à la belle ceinture, que le divin
Achille lui avait donnée, à son retour de Scyros, la ville d'Enyeus, qu'il
avait prise.

Quand les députés arrivèrent dans la tente du fils d'Atrée, les fils
des Grecs se levèrent de toutes parts et les accueillirent avec des coupes d'or : on les interrogea ; Agamemnon, prince des hommes, prit le
premier la parole :

« Eh bien, dis-nous, fameux Ulysse, gloire de la Grèce, dis-nous
s'il consent à éloigner les flammes ennemies de nos vaisseaux, ou s'il
refuse et persiste dans son ressentiment ? »

Le divin et patient Ulysse lui répond : « Glorieux fils d'Atrée, Agamemnon, prince des hommes, Achille, loin de renoncer à sa colère,
semble animé d'une fureur nouvelle : il te repousse, toi et tes présents.
Il te conseille d'aviser avec les Grecs aux moyens d'assurer le salut
des vaisseaux et de l'armée, et il menace de tirer à la mer, au retour

Ἶφις δὲ ἄρα ἐύζωνος	or Iphis certes à-la-belle-ceinture
καὶ πὰρ τῷ,	coucha aussi auprès de lui,
τὴν Ἀχιλλεὺς δῖος πόρεν οἱ,	laquelle Achille divin donna à lui,
ἑλὼν Σκῦρον αἰπεῖαν,	ayant pris Scyros élevée,
πτολίεθρον Ἐνυῆος.	ville d'Enyeus.
Ὅτε δὲ δὴ οἱ	Lorsque donc ceux-ci
γένοντο ἐν κλισίῃσιν Ἀτρείδαο,	furent dans les tentes du fils-d'Atrée,
υἷες Ἀχαιῶν ἄρα	les fils des Achéens certes
δειδέχατο τοὺς μὲν	reçurent eux à la vérité
κυπέλλοις χρυσέοισιν	avec des coupes d'or
ἀνασταδὸν	debout l'un d'un côté
ἄλλος ἄλλοθεν,	l'autre de-l'autre,
ἐξερέοντό τε ·	et ils les interrogeaient;
Ἀγαμέμνων δὲ ἄναξ ἀνδρῶν	mais Agamemnon prince des hommes
ἐξερέεινε πρῶτος ·	interrogea le premier :
« Ἄγε, εἰπέ μοι,	« Va, dis-moi,
ὦ Ὀδυσεῦ πολύαινε,	ô Ulysse très-louable,
κῦδος μέγα Ἀχαιῶν ·	gloire grande des Achéens :
ἦ ῥα ἐθέλει	est-ce-que donc il veut
ἀλεξέμεναι νήεσσι	repousser des vaisseaux
πῦρ δήϊον,	le feu ennemi,
ἦ ἀπέειπε,	ou a-t-il refusé,
χόλος δὲ ἔχει ἔτι	et la colère a-t-elle encore
θυμὸν μεγαλήτορα; »	son cœur superbe? »
Ὀδυσσεὺς δὲ δῖος	Or Ulysse divin
πολύτλας	supportant-beaucoup
προσέειπε τὸν αὖτε ·	dit-à lui en-retour :
« Ἀτρείδη κύδιστε,	« Fils-d'Atrée très-glorieux,
Ἀγάμεμνον ἄναξ ἀνδρῶν,	Agamemnon prince des hommes,
κεῖνός γε οὐκ ἐθέλει	celui-là certes ne veut pas
σβέσσαι χόλον,	éteindre sa colère,
ἀλλὰ πιμπλάνεται μένεος	mais il se remplit de fureur
ἔτι μᾶλλον ·	encore davantage ;
ἀναίνεται δέ σε ἠδὲ σὰ δῶρα.	et il repousse toi et tes présents.
Ἄνωγέ σε αὐτὸν	Il a ordonné toi-même
φράζεσθαι ἐν Ἀργείοισιν	délibérer parmi les Argiens
ὅππως κε σόῃς	comment tu pourrais-sauver
νῆάς τε καὶ λαὸν Ἀχαιῶν ·	et les vaisseaux et l'armée des Aché-
αὐτὸς δὲ ἠπείλησεν	et lui-même il a menacé [ens;
ἑλκέμεν ἅλαδε	de tirer à-la-mer

νῆας ἐϋσσέλμους ἅλαδ' ἑλκέμεν ἀμφιελίσσας·
καὶ δ' ἂν τοῖς ἄλλοισιν ἔφη παραμυθήσασθαι
οἴκαδ' ἀποπλείειν· ἐπεὶ οὐκέτι δήετε τέκμωρ   685
Ἰλίου αἰπεινῆς· μάλα γάρ ἔθεν εὐρύοπα Ζεὺς
χεῖρα ἑὴν ὑπερέσχε, τεθαρσήκασι δὲ λαοί. —
Ὣς ἔφατ'· εἰσὶ καὶ οἵδε τάδ' εἰπέμεν, οἵ μοι ἕποντο,
Αἴας καὶ κήρυκε δύω, πεπνυμένω ἄμφω.
Φοῖνιξ δ' αὖθ' ὁ γέρων κατελέξατο· ὡς γὰρ ἀνώγει,   690
ὄφρα οἱ ἐν νήεσσι φίλην ἐς πατρίδ' ἕπηται
αὔριον, ἢν ἐθέλῃσιν· ἀνάγκῃ δ' οὔτι μιν ἄξει. »
     Ὣς ἔφαθ'· οἱ δ' ἄρα πάντες ἀκὴν ἐγένοντο σιωπῇ,
[μῦθον ἀγασσάμενοι· μάλα γὰρ κρατερῶς ἀγόρευσε.]
Δὴν δ' ἄνεῳ ἦσαν τετιηότες υἷες Ἀχαιῶν·   695
ὀψὲ δὲ δὴ μετέειπε βοὴν ἀγαθὸς Διομήδης·
     « Ἀτρείδη κύδιστε, ἄναξ ἀνδρῶν Ἀγάμεμνον,
μὴ ὄφελες λίσσεσθαι ἀμύμονα Πηλείωνα,

de l'aurore, ses vaisseaux pourvus de bons rameurs et aux flancs également recourbés. Il dit qu'il conseille aux autres Grecs de s'embarquer
pour retourner dans leur patrie ; que vous ne verrez pas le dernier
jour d'Ilion, aux murailles élevées, et que Jupiter, qui se fait enten-
dre au loin, étend une main protectrice sur la ville, et ranime la con-
fiance des Troyens. Voilà ce qu'il a dit. Ces guerriers que voici, sont
là pour l'attester ; ils étaient avec moi, Ajax ainsi que ces hérauts,
tous deux distingués par leur sagesse. Le vieux Phénix a couché sous
sa tente, comme Achille l'y a invité, pour s'embarquer demain, s'il le
veut, et retourner avec lui dans sa patrie ; mais il ne veut pas l'y
contraindre. »

Il dit. Tout le monde, frappé de ce discours, observa un profond
silence. Cette réponse était bien dure ! Longtemps les fils des Grecs
demeurèrent mornes et silencieux. Enfin le vaillant Diomède prit la
parole et dit :

« Glorieux fils d'Atrée, Agamemnon, prince des hommes, tu n'au-
rais pas dû implorer l'irréprochable fils de Pélée, et lui offrir de riches

νῆας ἐϋσσέλμους	ses vaisseaux aux-bons-rameurs
ἀμφιελίσσας,	recourbés-des-deux-côtés,
ἅμα ἠοῖ φαινομένηφι·	avec l'aurore naissante ;
καὶ ἔφη δὲ	et il a dit aussi
ἂν παραμυθήσασθαι	devoir engager
τοῖς ἄλλοισιν	les autres
ἀποπλείειν οἴκαδε·	à retourner-en-naviguant chez-eux ;
ἐπεὶ οὐκέτι δήετε	puisque vous ne trouverez plus
τέκμωρ Ἰλίου αἰπεινῆς·	le jour-dernier d'Ilion élevée :
Ζεὺς γὰρ εὐρύοπα	car Jupiter à-la-voix-étendue
ὑπερέσχεν ἕθεν μάλα ἑὴν χεῖρα,	a étendu-sur elle beaucoup sa main,
λαοὶ δὲ τεθαρσήκασιν. —	et les peuples se sont rassurés. —
Ἔφατο ὥς·	Il parla ainsi :
καὶ οἵδε εἰσὶν εἰπέμεν τάδε,	et ceux-ci sont *pour* dire ces choses,
οἳ ἔποντό μοι,	*eux* qui ont suivi moi,
Αἴας καὶ δύω κήρυκε,	Ajax et les deux hérauts,
ἄμφω πεπνυμένω.	tous-deux prudents.
Φοῖνιξ δὲ ὁ γέρων	Mais Phénix le vieillard
κατελέξατο αὖθι·	est couché là-bas :
ἀνώγει γὰρ ὥς,	car *Achille l'*ordonnait ainsi,
ὄφρα ἕπηταί οἱ ἐν νήεσσιν	afin que il suive lui dans *ses* vaisseaux
ἐς πατρίδα φίλην	vers la patrie chérie
αὔριον, ἢν ἐθέλησιν·	demain, si il veut ;
οὔτι δὲ ἄξει μιν	mais il n'emmènera nullement lui
ἀνάγκη. »	par nécessité (par force). »
Ἔφατο ὥς·	Il parla ainsi :
οἱ δὲ ἄρα πάντες	et certes eux tous
ἐγένοντο ἀκὴν σιωπῇ,	furent en-repos en-silence,
ἀγασσάμενοι μῦθον·	admirant *ce* discours ; [ment.
ἀγόρευσε γὰρ μάλα κρατερῶς.	car *Achille* avait parlé très violem-
Υἷες δὲ Ἀχαιῶν τετιηότες	Mais les fils des Achéens affligés
ἦσαν δὴν ἄνεῳ·	furent long-temps silencieux :
ὀψὲ δὲ δὴ	mais enfin certes [re
Διομήδης ἀγαθὸς βοὴν	Diomède brave *quant* au cri-de-guer-
μετέειπεν·	dit-parmi *eux* :
« Ἀτρείδη κύδιστε,	« Fils-d'Atrée très-glorieux,
Ἀγάμεμνον ἄναξ ἀνδρῶν,	Agamemnon prince des hommes,
μὴ ὄφελες λίσσεσθαι	tu ne devais pas supplier
Πηλείωνα ἀμύμονα,	le fils-de-Pélée irréprochable,
διδοὺς	donnant (promettant de donner).

μυρία δῶρα διδούς· ὁ δ' ἀγήνωρ ἐστὶ καὶ ἄλλως·
νῦν αὖ μιν πολὺ μᾶλλον ἀγηνορίῃσιν ἐνῆκας.   700
Ἀλλ' ἤτοι κεῖνον μὲν ἐάσομεν, ἤ κεν ἴῃσιν,
ἤ κε μένῃ· τότε δ' αὖτε μαχήσεται, ὁππότε κέν μιν
θυμὸς ἐνὶ στήθεσσιν ἀνώγῃ, καὶ θεὸς ὄρσῃ.
Ἀλλ' ἄγεθ', ὡς ἂν ἐγὼν εἴπω, πειθώμεθα πάντες·
νῦν μὲν κοιμήσασθε, τεταρπόμενοι φίλον ἦτορ   705
σίτου καὶ οἴνοιο· τὸ γὰρ μένος ἐστὶ καὶ ἀλκή.
Αὐτὰρ ἐπεί κε φανῇ καλὴ ῥοδοδάκτυλος Ἠώς,
καρπαλίμως πρὸ νεῶν ἐχέμεν λαόν τε καὶ ἵππους,
ὀτρύνων· καὶ δ' αὐτὸς ἐνὶ πρώτοισι μάχεσθαι. »
   Ὣς ἔφαθ'· οἱ δ' ἄρα πάντες ἐπήνησαν βασιλῆες,   710
μῦθον ἀγασσάμενοι Διομήδεος ἱπποδάμοιο.
Καὶ τότε δὴ σπείσαντες ἔβαν κλισίηνδε ἕκαστος·
ἔνθα δὲ κοιμήσαντο, καὶ ὕπνου δῶρον ἕλοντο.

présents. Il était déjà superbe ; mais tu lui as inspiré bien plus d'orgueil encore. Ne nous inquiétons plus de lui, qu'il parte, ou qu'il demeure ! Il reviendra combattre, quand son cœur le lui dira, et qu'un
dieu viendra l'inspirer. Allons ! qu'on m'écoute, et que chacun se
conforme à mes avis. Songez à vous livrer au repos après vous être
rassasiés de pain et de vin : c'est de là que nous viennent la force et la
valeur. Demain, quand paraîtra la belle Aurore aux doigts de roses,
tu te hâteras de ranger l'armée et les chars devant les vaisseaux ; tu
encourageras les soldats, et, toi-même, tu combattras au premier
rang. »

   Il dit. Tous les rois applaudissent, admirant le discours de Diomède,
qui dompte les coursiers. Puis, quand on eut fait des libations, on
se retira, chacun dans sa tente. Alors les Grecs se couchèrent et se li-
vrèrent aux douceurs du sommeil.

δῶρα μυρία   des présents innombrables ;
ὁ δέ ἐστιν ἀγήνωρ   celui-ci est orgueilleux
καὶ ἄλλως·   aussi d'ailleurs ;
νῦν αὖ ἐνῆκάς μιν   mais maintenant tu as mis lui
πολὺ μᾶλλον ἀγηνορίησιν.   bien davantage dans l'orgueil.
Ἀλλὰ ἤτοι μὲν   Mais certes d'un-côté
ἐάσομεν κεῖνον,   nous laisserons celui-ci,
ἤ κεν ἴῃσιν,   soit qu'il s'en aille,
ἤ κε μένῃ·   soit qu'il demeure ;
μαχήσεται δὲ   il combattra d'un-autre-côté
αὖτε,   de-nouveau,
τότε ὁππότε θυμὸς ἐνὶ στήθεσσί   alors quand le cœur dans la poitrine
κεν ἀνώγῃ μιν,   y engagera lui,
καὶ θεὸς ὄρσῃ.   et *que* un dieu *l*'excitera.
Ἀλλὰ ἄγετε,   Mais allez,
πειθώμεθα πάντες,   obéissons tous,
ὡς ἐγὼν ἂν εἴπω·   comme moi j'aurai dit :
νῦν μὲν κοιμήσασθε,   à-présent à la vérité couchez-vous,
τεταρπόμενοι φίλον ἦτορ   ayant rassasié votre cœur
σίτου καὶ οἴνοιο·   de nourriture et de vin ;
τὸ γάρ ἐστι μένος καὶ ἀλκή.   car cela est la force et la valeur.
Αὐτὰρ ἐπεὶ Ἠὼς καλὴ   Mais après que l'Aurore belle
ῥοδοδάκτυλος   aux-doigts-de-rose
κε φανῇ,   aura paru,
ἐχέμεν καρπαλίμως   retiens sur-le-champ
πρὸ νεῶν   devant les vaisseaux
λαόν τε καὶ ἵππους,   et armée et chevaux,
ὀτρύνων·   *les* encourageant ;
καὶ δὲ αὐτὸς   et aussi toi-même
μάχεσθαι ἐνὶ πρώτοισιν. »   combats parmi les premiers. »
    Ἔφατο ὥς·   Il parla ainsi ;
οἱ δὲ ἄρα βασιλῆες ἐπήνησαν πάντες,   et les rois certes applaudirent tous,
ἀγασσάμενοι μῦθον   admirant le discours
Διομήδεος ἱπποδάμοιο.   de Diomède dompteur-de-chevaux.
Καὶ τότε δὴ   Et alors certes
σπείσαντες,   ayant fait-des-libations,
ἔβαν ἕκαστος κλισίηνδε·   ils allèrent chacun dans-sa-tente :
κοιμήσαντο δὲ ἔνθα,   or ils se couchèrent là,
καὶ ἕλοντο δῶρον ὕπνου.   et prirent le don du sommeil.

NOTES

SUR LE NEUVIÈME CHANT DE L'ILIADE.

———

Page 2 : 1. Les rhéteurs ont regardé le neuvième livre de l'Iliade comme un chef-d'œuvre dans le genre oratoire. Dans le traité de Denys d'Halicarnasse περὶ τῆς Ὁμήρου ποιήσεως, et dans celui qu'il a intitulé τέχνη, on trouve l'analyse des beautés des discours d'Ulysse, de Phénix, d'Ajax et d'Achille. Quintilien (*Instit. orat.*, X, 1) dit à ce sujet : *Nonne vel nonus liber, quo missa ad Achillem legatio continetur, vel in primo inter duces illa contentio, vel dictæ in secundo sententiæ, omnes litium ac consiliorum explicant artes? Affectus quidem, vel illos mites, vel hos concitatos, nemo erit tam indoctus, qui non in suâ potestate hunc auciorem habuisse fateatur.*

— 2. Ὡς δ' ἄνεμοι δύο πόντον ὀρίνετον ἰχθυόεντα,
Βορέης καὶ Ζέφυρος....

Comme, sous le souffle des vents, la mer poissonneuse se soulève, quand Zéphyre et Borée, s'élançant du sein de la Thrace, fondent tout à coup sur les flots noirs....

> Adversi rupto ceu quondam turbine venti
> Confligunt, Zephyrusque Notusque, et lætus Eois
> Eurus equis....
>
> (*Énéide*, II, 416.)

Page 8 : 1. Νῶϊ δ', ἐγὼ Σθένελός τε, μαχησόμεθ', εἰσόκε τέκμωρ
Ἰλίου εὕρωμεν·

« *Quant à nous deux, Sthénélus et moi, nous combattrons jusqu'à ce que nous ayons trouvé le jour suprême d'Ilion.* » Achille tient le même langage dans la tragédie de Racine :

> Et quand moi seul enfin il faudrait l'assiéger,
> Patrocle et moi, seigneur, nous irons vous venger !
>
> (*Iphigénie en Aulide.*)

César a dit : *Quòd si præterea nemo sequatur, tamen se cum sola decimâ legione iturum, de quá non dubitaret; sibique eam prætoriam cohortem futuram.* (De bello Gallico, l. I, § 40.)

Page 10 : 1. Ἀφρήτωρ, ἀθέμιστος, ἀνέστιός ἐστιν ἐκεῖνος,
ὃς πολέμου ἔραται ἐπιδημίου, ὀκρυόεντος.

« *Il ne faut avoir ni famille, ni loi, ni foyer, pour aimer la guerre civile et ses horreurs.* »

* Cicéron semble avoir traduit ce passage, quand il dit dans sa XIIIe Philippique : « *Nam nec privatos focos, nec publicas leges videtur, nec libertatis jura cara habere, quem discordiæ, quem cædes civium, quem civile bellum delectat.* »

Page 12 : 1. Ἕπτ' ἔσαν ἡγεμόνες φυλάκων, ἑκατὸν δὲ ἑκάστῳ
κοῦροι ἅμα στεῖχον, δολίχ' ἔγχεα χερσὶν ἔχοντες.

Ils ont sept chefs à leur tête, et chacun de ces chefs a sous ses ordres cent guerriers, dont le bras est armé du long javelot.

> Bis septem Rutuli, muros qui milite servent,
> Delecti; ast illos centeni quemque sequuntur.
> (*Énéide*, IX, 161.)

Page 14 : 1. Ἐν σοὶ μὲν λήξω, σέο δ' ἄρξομαι.

« *C'est par toi que je finirai, et par toi que je veux commencer.* »
Horace dit à Mécène :

> Primâ dicte mihi, summâ dicende camœnâ.
> (Liv. *Épît.* I, 11.)

Virgile aussi dit à Pollion :

> A te principium; tibi desinet.
> (*Éclog.* VIII, 11.)

Cette phrase est une formule honorifique employée fréquemment dans les hymnes aux dieux, et surtout à Jupiter. Ici ce n'est pas un simple hommage rendu à la puissance d'Agamemnon. Elle annonce encore que, dans tout ce qu'il va dire, Nestor aura surtout les intérêts de ce prince pour objet.

Page 18 : 1. Ἕπτ' ἀπύρους τρίποδας, δέκα δὲ χρυσοῖο τάλαντα.

« *Sept trépieds, qui n'ont pas encore été au feu; dix talents d'or,* etc. »

C'est la promesse que le vieil Aléthès fait à Nisus :

> Bina dabo argento perfecta atque aspera signis
> Pocula, devictâ genitor quæ cepit Arisbâ;
> Et tripodas geminos; auri duo magna talenta....
>
> (Énéide, IX, 262.)

Page 20 : 1. Τρεῖς δέ μοί εἰσι θύγατρες, ἐνὶ μεγάρῳ εὐπήκτῳ,
Χρυσόθεμις καὶ Λαοδίκη καὶ Ἰφιάνασσα....

« *J'ai trois filles dans mon superbe palais, Chrysothémis, Lao-dice et Iphianasse....* »

Ce sont les promesses de Junon à Éole pour l'engager à submerger les vaisseaux des Troyens.

> Sunt mihi bis septem præstanti corpore Nymphæ,
> Quarum, quæ formâ pulcherrima, Deiopeam
> Connubio jungam stabili, propriamque dicabo.
>
> (Énéide, I, 70.)

Page 26 : 1. Τὼ δὲ βάτην.....

Ils cheminent le long du rivage....

Ici s'élève une difficulté grammaticale d'autant plus insoluble que, sans qu'il en résulte une altération grave pour le sens, on peut également admettre l'une ou l'autre explication qu'en donnent les traducteurs. Les uns prétendent que le duel et le pluriel s'emploient indifféremment l'un pour l'autre; les autres veulent que le poëte, considérant Phénix comme le guide de la députation, ne désigne par ces mots qu'Ajax et Ulysse.

Page 30 : 1. Αὐτὰρ ἐπεὶ κατὰ πῦρ ἐκάη, καὶ φλὸξ ἐμαράνθη.

Puis quand le feu commence à s'éteindre et la flamme à languir.

> Postquam collapsi cineres, et flamma quievit.
>
> (Énéide, VI, 226.)

Page 32 : 1. Στεῦται γὰρ νηῶν ἀποκόψειν ἄκρα κόρυμβα.

Il se flatte d'abattre les poupes de nos navires, etc.

Les poupes des vaisseaux des anciens étaient ordinairement décorées des images des dieux; et c'étaient ces images que le vainqueur suspendait comme des trophées dans les temples.

Page 46 : 1. ..... τί δὲ λαὸν ἀνήγαγεν ἐνθάδ' ἀγείρας
    Ἀτρείδης; ἢ οὐχ Ἑλένης ἕνεχ' ἠϋκόμοιο;
    ἢ μοῦνοι φιλέουσ' ἀλόχους μερόπων ἀνθρώπων
    Ἀτρεῖδαι;

« *Mais pourquoi le fils d'Atrée a-t-il conduit ici l'armée? N'est-ce
pas pour venger Hélène à la belle chevelure? Est-ce que les
Atrides sont les seuls, chez les hommes, qui chérissent leurs
épouses?* »

Racine traduit ce passage, *Iphigénie*, act. IV, sc. VI :

> Et quel fut le dessein qui nous assembla tous?
> Ne courons-nous pas rendre Hélène à son époux?
> Depuis quand pense-t-on qu'inutile à moi-même,
> Je me laisse ravir une épouse que j'aime?
> Seul d'un honteux affront votre frère blesse
> A-t-il droit de venger son amour offensé?

Page 50 : 1. ..... τίω δέ μιν ἐν καρὸς αἴσῃ.

« *Et je ne fais aucun cas de sa personne.* » Littéral : *Je l'estime à
l'égal d'un cheveu.*

Κάρ est un vieux mot dont la signification est incertaine. On le fait
synonyme de θρίξ, *cheveu*. Hésychius traduit par τὸ βραχὺ ὃ οὐδὲ
κεῖραι οἷόν τε, *un rien dont il est impossible de rien retrancher;*
de sorte, dit le dictionnaire des Homérides, qu'il y aurait eu un
substantif κάρ, signifiant *cheveu coupé, rasus capillus*, Rac. κείρω.
Les anciens traduisaient ce passage soit par κηρός, *à l'égal de la
mort;* soit par Καρός, *comme un Carien*, parce que les Cariens
étaient méprisés comme de vils mercenaires. Mais outre que la quan-
tité se refuse à ces deux interprétations, la dernière est encore inad-
missible par la raison qu'à l'époque d'Homère, les Cariens n'étaient
pas encore ce qu'ils ne sont devenus que longtemps après.

Page 52 : 1. Πολλαὶ Ἀχαιίδες εἰσὶν ἀν' Ἑλλάδα τε Φθίην τε,
    κοῦραι ἀριστήων....

« *Il y a dans la Grèce et dans la terre de Phthie, assez de
Grecques, filles de rois puissants....* »

> Sunt aliæ innuptæ Latio et Laurentibus agris,
> Nec genus indecores   (Énéide, XII . 24.)

Page 54 : 1 ...... Πυθοῖ ....

Πυθώ, *Pytho,* ancien nom de Delphes. Lorsque les eaux du déluge de Deucalion se retirèrent, le limon qu'elles avaient déposé sur la terre, donna naissance au serpent Python, qu'Apollon tua de ses flèches. Comme Delphes se trouvait dans le voisinage du lieu où fut remportée cette victoire, elle prit le nom de Pytho, et les jeux qui s'y célébraient s'appelèrent *les jeux Pythiques.*

— **2.** Μήτηρ γάρ τέ μέ φησι θεὰ, Θέτις ἀργυρόπεζα,
διχθαδίας Κῆρας φερέμεν θανάτοιο τέλοσδε.

« *Ma divine mère, Thétis aux pieds d'argent, m'a dit que deux destinées différentes pouvaient me conduire au terme de la mort.* »

> Les destins à ma mère, il est vrai, l'ont prédit,
> Lorsqu'un époux mortel fut reçu dans son lit :
> Je puis choisir, dit-on, ou beaucoup d'ans sans gloire,
> Ou peu de jours suivis d'une longue mémoire....
>
> (RACINE, *Iphigénie.*)

Page 60 : 1. Φεύγων νείκεα πατρὸς Ἀμύντορος Ὀρμενίδαο.

« *Fuyant le courroux de mon père Amyntor, fils d'Orménus.* »
Orménus, fils de Cercaphus, roi des Dolopes en Thessalie, avait fondé la ville d'Orménium, ville de la Thessalie méridionale, dans la Magnésie, sur le golfe Pagasétique, au sud-est d'Iolcos.

— **2.**   Ζεύς τε καταχθόνιος.

« *Le Jupiter des Enfers.* » Littéral : *souterrain.* On appelait ainsi Pluton qui régnait en maître aux Enfers, comme Jupiter dans l'Olympe.

Page 66 : 1. Καὶ γάρ τε Λιταί εἰσι Διὸς κοῦραι μεγάλοιο.

« *Car les Prières sont filles du grand Jupiter.* »
Les Prières ainsi personnifiées étaient, selon les traditions antiques, sœurs d'Até, Ἄτη, *la Faute, le malheur, la fatalité.* Até avait des pieds délicats et légers qui ne touchaient point la terre.
Voltaire a traduit ainsi ce passage :

> Les Prières, mon fils, devant vous éplorées,
> Du souverain des Dieux sont les filles sacrées;

Humbles, le front baissé, les yeux baignés de pleurs,
Leur voix triste et plaintive exhale leurs douleurs.
On les voit d'une marche incertaine et tremblante
Suivre de loin l'Injure impie et menaçante,
L'Injure au front superbe, au regard sans pitié,
Qui parcourt à grands pas l'univers effrayé.
Elles demandent grâce... et, lorsqu'on les refuse,
C'est au trône du Dieu que leur voix vous accuse;
On les entend crier en lui tendant les bras :
« Punissez le cruel qui ne pardonne pas ;
Livrez ce cœur farouche aux affronts de l'Injure;
Rendez-lui tous les maux qu'il aime qu'on endure;
Que le barbare apprenne à gémir comme nous ! »
Jupiter les exauce ; et son juste courroux
S'appesantit bientôt sur l'homme impitoyable.

Page 70 : 1. Καὶ γὰρ τοῖσι κακὸν χρυσόθρονος Ἄρτεμις ὦρσεν,
χωσαμένη ὅ οἱ οὔτι θαλύσια γουνῷ ἀλωῆς
Οἰνεὺς ῥέξ᾽· ἄλλοι δὲ θεοὶ δαίνυνθ᾽ ἑκατόμβας.

« C'était Diane, au trône d'or, qui leur avait envoyé ce fléau, irritée contre Œnée qui ne lui avait pas offert les prémices de la moisson, tandis qu'il avait immolé des hécatombes aux autres dieux. »

Plus tard on n'offrit plus les prémices de la moisson qu'à Cérès.

Page 74 : 1. Τὴν δὲ τότ᾽ ἐν μεγάροισι πατὴρ καὶ πότνια μήτηρ
Ἀλκυόνην καλέεσκον ἐπώνυμον, οὕνεκ᾽ ἄρ᾽ αὐτῆς
μήτηρ, Ἀλκυόνος πολυπενθέος οἶτον ἔχουσα,
κλαῖ᾽, ὅτε μιν ἑκάεργος ἀνήρπασε Φοῖβος Ἀπόλλων.

« Cléopâtre était appelée alors Alcyoné dans le palais de son père, parce que sa mère avait éprouvé le triste sort d'Alcyon, et qu'elle avait bien pleuré quand Phébus Apollon, qui lance au loin les traits, l'avait ravie. »

Marpessa avait en effet été enlevée par Apollon à son époux Idas, qui osa lutter contre le dieu pour la lui reprendre ; et, quand il lui fut permis de choisir entre son époux et son amant, elle revint à Idas. Sa fille Cléopâtre hérita du nom d'Alcyoné, qui semblait lui convenir mieux à elle-même, en raison de l'analogie de son aventure avec le sort de la malheureuse Alcyoné (Ἀλκυόνη ou Ἀλκυών), fille d'Éole, et femme de Céyx, qui avait été ravie aussi par Apollon, et qui, après la mort de Céyx, son époux, se précipita dans la mer, où elle fut changée en oiseau par Thétis.

Page 88 : 1. Σκῦρον ἑλὼν αἰπεῖαν, Ἐνυῆος πτολίεθρον.

« *Après avoir pris Scyros, la ville élevée d'Enyeus.* »

Il est à propos de remarquer ici qu'Homère nous peint Achille prenant Scyros, et non point y passant sa jeunesse au milieu de jeunes filles, déguisé lui-même sous un costume de femme. D'ailleurs il ne s'agit pas ici de la ville de Lycomède, et Homère nomme Enyeus le roi de Scyros. Si l'on ajoute qu'en deux endroits de l'Iliade Achille est représenté comme quittant le palais de son père pour rejoindre Agamemnon, il est évident que le séjour de ce héros au milieu des filles du roi Lycomède, à Scyros, tel que Stace le raconte, est d'une invention postérieure aux temps homériques.

www.ingramcontent.com/pod-product-compliance
Lightning Source LLC
Chambersburg PA
CBHW060606100426
42744CB00008B/1338